新型コロナ対策基本的対処方針〔令和5年2月10日〕

付:「マスク着用の考え方の見直し等について」

〈重要法令シリーズ080〉

信山社

4380-0101

＜目　次＞

*ページ数は上部にふられたもの

◆**新型コロナウイルス感染症対策の基本的対処方針**

（令和 5 年 2 月 10 日変更　新型コロナウイルス感染症対策本部決定）

（令和 5 年 2 月 10 日　新型コロナウイルス感染症対策本部決定）

新型コロナウイルス感染症対策の基本的対処方針

令和3年11月19日（令和5年2月10日変更）
新型コロナウイルス感染症対策本部決定

目次

（別添）事業の継続が求められる事業者

　本方針は、新型インフルエンザ等対策特別措置法（平成 24 年法律第 31 号。以下「法」という。）第 18 条第 1 項に規定する基本的対処方針として、今後講ずべき対策を実施するに当たって準拠となるべき統一的指針を示すものである。

　地方公共団体は、本方針に基づき、自らその区域に係る対策を的確かつ迅速に実施し、及び当該区域において関係機関が実施する対策を総合的に推進する責務を有する。また、政府は、本方針に基づき、指定行政機関、都道府県及び指定公共機関が実施する対策に関する総合調整を行うことができる。

一　新型コロナウイルス感染症発生の状況に関する事実
（１）新型コロナウイルス感染症の特徴
　　新型コロナウイルス感染症については、変異によって変化するが以下のような特徴がある。

- ・　ヒトコロナウイルス SARS－CoV－2 による感染症であり、発熱、呼吸器症状、倦怠感、頭痛、消化器症状、鼻汁、味覚異常、嗅覚異常等の症状を発症する。
- ・　せき、くしゃみ、会話等のときに排出される飛沫やエアロゾルの吸入、接触感染等が感染経路と考えられている。
- ・　潜伏期間は約 5 日間、最長 14 日間とされているが、オミクロン株では潜伏期間が短縮していると報告されている。新型コロナウイルスはまず鼻咽頭などの上気道に感染すると考えられる。多くの患者は発症から 1 週間程度で治癒に向かうが、一部の患者では肺炎を発症する。さらに、急性呼吸窮迫症候群（ARDS）に至る患者もある。現在のオミクロン株による流行では、アルファ株やデルタ株が主体の流行と比較して、酸素療法や人工呼吸管理を必要とする患者の割合が低下していることが報告されている。
- ・　軽症の場合は経過観察のみで自然に軽快することが多く、必要に応じて解熱薬等の対症療法を行う。ただし、重症化リスク因子

のある方については、経口の抗ウイルス薬や中和抗体薬の投与を行い重症化を予防する。呼吸不全を伴う場合には、酸素投与や抗ウイルス薬、ステロイド薬（炎症を抑える薬）、免疫調整薬の投与を行い、改善しない場合には人工呼吸器や体外式膜型人工肺（Extracorporeal membrane oxygenation：ECMO）等による集中治療を行うことがある。国内で承認されている医薬品として、レムデシビル、デキサメタゾン、バリシチニブ、トシリズマブ、カシリビマブ／イムデビマブ、ソトロビマブ、モルヌピラビル、ニルマトレルビル／リトナビル、チキサゲビマブ／シルガビマブ及びエンシトレルビル（重症化リスク因子のない軽症から中等症の患者に投与可能な経口薬）がある。患者によっては、呼吸器や全身症状等の症状が遷延したり、新たに症状が出現すること（罹患後症状、いわゆる後遺症）が報告されている。

・　新型コロナウイルス感染症と診断された人のうち重症化しやすいのは、高齢者と基礎疾患のある方、一部の妊娠後期の方であり、重症化のリスクとなる基礎疾患等には、悪性腫瘍、慢性呼吸器疾患（COPD 等）、慢性腎臓病、心血管疾患、脳血管疾患、喫煙歴、高血圧、糖尿病、脂質異常症、肥満（BMI 30 以上）、および臓器の移植、免疫抑制剤、抗がん剤等の使用その他の事由による免疫機能低下等がある。ワクチン接種を受けることで、重症化予防効果が期待できる。

・　重症化する人の割合や死亡する人の割合は年齢によって異なり、高齢者は高く、若者は低い傾向にある。令和4年3月から4月までに診断された人においては、重症化する人の割合は 50 歳代以下で 0.03%、60 歳代以上で 1.50%、死亡する人の割合は、50 歳代以下で 0.01%、60 歳代以上で 1.13%となっている。また、同年7月から8月までに診断された人においては、重症化する人の割合は 50 歳代以下で 0.01%、60 歳代以上で 0.69%、死亡する人の割合は、50 歳代以下で 0.00%、60 歳代以上で 0.59%となっており、

重症化する割合や死亡する割合は以前と比べ低下している。なお、季節性インフルエンザの国内における致死率は 50 歳代以下で 0.01%、60 歳代以上で 0.55%と報告されている。

- 診断にはリアルタイム RT-PCR 等の核酸検出検査や抗原検査が用いられる。

- 新型コロナウイルスは約 2 週間で 1 か所程度の速度でその塩基が変異していると考えられ、新たな変異株が世界各地で確認されており、厚生労働省と国立感染症研究所において、ゲノムサーベイランスを通じた変異株の発生動向の監視を行っている。

- オミクロン株については、令和 3 年 11 月 24 日に南アフリカから WHO へ最初のオミクロン株感染例が報告されてから、世界的に感染例が報告され、感染拡大が進んでいる。

- オミクロン株については、国内外の報告から感染・伝播性の増加が示唆されており、デルタ株に比べて世代時間、倍加時間や潜伏期間の短縮、二次感染リスクや再感染リスクの増大が確認されており、感染拡大のスピードが極めて速い。国内においても感染例が急増し、令和 4 年 2 月頃に全国的にデルタ株からオミクロン株の BA.1 系統に置き換わり、同年 5 月には、オミクロン株の BA.2 系統に置き換わったが、さらに同年 7 月には、BA.5 系統に概ね置き換わった。また、飛沫や換気の悪い場所におけるエアロゾルによる感染が多く、子供が感染しやすくなっており、学校等での感染に加え、家庭に持ち帰り、家庭内で感染が拡大する事例が見られている。まず軽症者の数が急激に増加し、併せて中等症者も一定程度増加し、その後、高齢者に伝播し、重症者数、入院者数も増え医療全体がひっ迫し、更に社会機能の維持も困難になってくることも懸念される。オミクロン株対応ワクチンについては、オミクロン株に対応した成分が含まれるため、従来型ワクチンを上回る重症化予防効果や、短い期間である可能性はあるものの、発症予防効果や感染予防効果も期待される。また、 2 価のワクチン

であるため、今後の変異株に対しても従来型より効果が高いことも期待される。中和抗体薬については、オミクロン株への有効性が減弱するおそれがある薬剤もあることから、投与に当たって留意が必要である。

・　他方、更なる知見の集積が必要であるものの、デルタ株と比較してオミクロン株では重症化しにくい可能性が示唆されているものの、高齢者を中心に基礎疾患のある者において、オミクロン株への感染が契機となって基礎疾患が増悪する事例が多く発生しており、重症化リスクがある程度低下していたとしても、感染例が大幅に増加することで重症化リスクの低下分が相殺される可能性も考慮する必要がある。

なお、我が国においては、令和2年1月15日に最初の感染者が確認された後、令和5年2月9日までに、合計 32,879,625 人の感染者、70,185 人の死亡者が確認されている。

（2）感染拡大防止のこれまでの取組

これまでの感染対策においては、後述する基本的な感染対策を推進することに加え、専門家の分析等で感染リスクが高いとされた飲食の場面を極力回避するため、飲食店の時短営業及び酒類提供の停止の措置を講じてきた。同時に、人流や人との接触機会を削減する観点から、外出・移動の自粛、イベント及び大規模集客施設への時短要請等の取組を進めてきた。また、検査・サーベイランスの強化、積極的疫学調査等によるクラスター（患者間の関連が認められた集団。以下「クラスター」という。）対策、水際対策を含む変異株対策等の取組を実施してきた。

特に、令和3年3月下旬以降は、より感染力の強い変異株の出現による急速な感染拡大に対し、令和3年2月3日に成立した新型インフルエンザ等対策特別措置法等の一部を改正する法律（令和3年法律第5号）による改正後の法で創設されたまん延防止等重点措置区域（以

下「重点措置区域」という。）における機動的な対策、ゴールデンウィーク期間中のイベントの無観客開催、大規模集客施設の休業等の集中的な対策をはじめ、緊急事態宣言等の下で、全国的に度重なる強い措置を講じてきた。また、強い感染力を持つ変異株が出現し、それまでの飲食への対策、人流抑制の取組のほか、再度の感染拡大の予兆や感染源を早期に探知するため、検査を大幅に強化するとともに、高齢者施設等や学校における感染対策を強化する観点から、軽症であっても症状が現れた場合に、早期に陽性者を発見することができるよう、抗原定性検査キットの配布を行ってきた。さらに、健康観察アプリを活用し、早期に検査につなげる取組も実施してきた。

（3）ワクチン接種の進展とこれに伴う患者像の変化

　ワクチンについては、令和3年2月に医療従事者向け接種を開始し、同年4月に高齢者向け接種を開始、同年5月から本格的に接種を進め、同年4月末には医療従事者の接種会場への派遣を可能にするほか、接種費用への時間外・休日加算相当分の上乗せや接種回数の多い施設への支援の措置により、1日100万回を超えるスピードで接種を進めることができ、同年7月末には希望する高齢者への2回接種をおおむね完了した。地方公共団体での接種努力に加えて、企業等による職域接種等を行うことにより、同年10月上旬までに供給されたワクチンは、対象人口の9割が接種できる数量に達した。

　令和3年12月からは、3回目接種を開始し、接種券の配布促進や接種会場の増設、職域接種の積極的な活用の推進、地域における社会機能を維持するために必要な事業に従事する方への接種の推進により、令和4年2月中旬には、1日100万回接種を実現した。3回目接種を終えた方は約7割となっている。

　同年2月下旬からは、5歳から11歳までの子供に対する1回目・2回目接種（初回接種）を開始したほか、同年3月下旬からは、12歳から17歳までの方への3回目接種を開始した。

　同年5月下旬からは、60歳以上の方や18歳以上で重症化リスクの高い方などを対象とし、重症化予防を目的として4回目接種を開始した。また、ファイザー社及びモデルナ社のワクチンに加え、国内で製造が行われる武田薬品工業株式会社（ノババックス社からの技術移管を受けて武田薬品工業株式会社が国内で生産及び流通を実施）のワクチン（以下「武田社ワクチン（ノババックス）」という。）による1回目・2回目・3回目接種を開始した。さらに、同年7月下旬からは、重症化リスクの高い方が多数集まる医療機関・高齢者施設等の従事者であって、18歳以上60歳未満の方に対する4回目接種を開始した。

　同年9月下旬からは、令和4年秋開始接種として、1人1回、12歳以上の1回目・2回目接種（初回接種）を完了した者を対象にオミクロン株対応ワクチンの接種を開始した。また、同年10月下旬からは、最終接種からの接種間隔を5か月以上から3か月以上に短縮し、年内に約1億人がオミクロン株対応ワクチンの接種を受けることが可能となった。

　同年11月上旬からは、何らかの理由でオミクロン株対応ワクチン以外のワクチンの接種を希望する者については、令和4年秋開始接種として従来型の武田社ワクチン（ノババックス）を接種することが可能となった。

　同年9月上旬からは、5歳から11歳までの子供に対する3回目接種（従来型ワクチン）を開始したほか、同年10月下旬からは生後6か月から4歳までの乳幼児に対する従来型ワクチンによる1回目・2回目・3回目接種（初回接種）を開始した。

　ワクチン接種は、最も重症化リスクの高い群である高齢者の約9割が3回接種を終えたこともあり、感染者数の増加に比べ、重症者数、死亡者数の増加は少なくなっている。

　また、医療提供体制の強化が進められると同時に、陽性者の治療については、中和抗体薬や経口の抗ウイルス薬が利用可能となるなど、選択肢が確実に増えてきている。

9

今後、更なるワクチン接種の進展により、感染者や重症者は抑えられると期待されるほか、中和抗体薬や経口の抗ウイルス薬の重症化予防効果も一定程度期待される一方、更なる感染拡大が生じた場合には、ワクチン接種後にも新型コロナウイルス感染が確認される症例があること、変異株の出現の可能性やワクチンによる免疫の減衰の影響を踏まえ、引き続き後述する基本的な感染対策が重要である。また、オミクロン株対応ワクチンについては、オミクロン株成分を含むことで、従来型ワクチンを上回る重症化予防効果、発症予防効果や感染予防効果があることや、2価ワクチンであることから今後の変異株に対しても従来型ワクチンより効果が高いことが期待されることから、引き続き、迅速にワクチン接種を進めていくことが重要である。

（4）医療提供体制の強化

医療提供体制の強化については、令和3年夏に比べ約3割、約1万人増の約3.7万人が入院できる体制を構築するなど、これまで各都道府県において、感染拡大の経験を踏まえた医療提供体制の段階的な強化が進められてきた。

また、病床やホテル等の宿泊療養施設の確保に加え、臨時の医療施設や入院待機施設の整備、酸素濃縮装置の確保を進め、症状悪化時に確実に酸素投与や治療につなげる体制の整備、自宅療養等を行う場合の診療体制の整備や、HER-SYS（Health Center Real-time Information-sharing System on COVID-19：新型コロナウイルス感染者等情報把握・管理支援システム）における My HER-SYS（陽性者がHER-SYS にスマートフォン等で自身や家族の健康状態を入力する健康管理機能）等の導入の推進による健康観察体制の整備が進められてきた。政府としても、往診や訪問診療、訪問看護の診療報酬の評価の拡充等を行ってきた。

軽症から中等症（Ⅰ）の患者を投与対象とする初めての治療薬として令和3年7月19日に特例承認がなされた中和抗体薬「カシリビマブ

／イムデビマブ」については、短期入院による投与や投与後の観察体制の確保等の一定の要件を満たした医療機関による自宅療養者に対する外来・往診での投与等の取組を進めてきた。また、同年9月27日には、中和抗体薬「ソトロビマブ」が、同年12月24日には、経口薬「モルヌピラビル」が、令和4年2月10日には経口薬「ニルマトレルビル／リトナビル」が特例承認され、それぞれ医療現場に供給されている。これにより、重症化リスク因子のある軽症から中等症患者向けの治療薬は、経口薬「モルヌピラビル」、「ニルマトレルビル／リトナビル」、中和抗体薬「ソトロビマブ」、「カシリビマブ／イムデビマブ」及び抗ウイルス薬「レムデシビル」の5種類が揃うこととなり、患者の状態や薬剤の特性等に応じて、適切に選択し活用が可能となっている。「モルヌピラビル」については、同年9月16日には一般流通が開始された。また、重症化リスク因子のない軽症から中等症患者に投与可能な経口薬「エンシトレルビル」が、同年11月22日に緊急承認され、医療現場に供給されている。

（5）令和3年9月の感染収束

　令和3年7月からの感染拡大期は、感染力の強いデルタ株への置き換わりにより、これまでに比べ陽性者数において非常に大きなものであったが、同年8月20日に全国で1日当たり25,975名の新規陽性者を記録した後に、急速に減少した。同年9月の感染収束については、これまでの国民や事業者の感染対策への協力、夜間滞留人口の減少、ワクチン接種率の向上、医療機関や高齢者施設のクラスター感染の減少等によるものと考えられる。

　令和3年9月28日に、感染状況や医療提供体制・公衆衛生体制に対する負荷の状況について分析・評価を行い、全ての緊急事態措置区域（北海道、茨城県、栃木県、群馬県、埼玉県、千葉県、東京都、神奈川県、岐阜県、静岡県、愛知県、三重県、滋賀県、京都府、大阪府、兵庫県、広島県、福岡県及び沖縄県）が緊急事態措置区域に該当しな

いこととなったため、緊急事態措置を実施すべき期間とされている同
月 30 日をもって緊急事態措置を終了した。

　また、全ての重点措置区域（宮城県、福島県、石川県、岡山県、香
川県、熊本県、宮崎県及び鹿児島県）について、まん延防止等重点措
置を実施すべき期間とされている令和 3 年 9 月 30 日をもってまん延防
止等重点措置を終了する旨の公示を行った。

　その際、今後、ワクチン接種を一層進捗させ、医療提供体制をもう
一段整備し、感染拡大に対する社会の耐性を高めながら、感染対策と
日常生活を両立させることを基本として、政策を展開していくことと
した。また、感染の再拡大が見られる場合には、速やかに効果的で強
い感染対策等を講じるものとした。

（6）オミクロン株の発生と感染拡大

　令和 3 年 9 月以降、急速に減少に転じた新規陽性者数は、同年 12 月
下旬以降再び増加傾向となった。令和 4 年 1 月には新規陽性者数の急速
な増加に伴い、療養者数と重症者数も増加傾向が見受けられた。

　政府は、令和 3 年 11 月末以降、感染・伝播性の増加が示唆されるオ
ミクロン株のリスクに対応するため、外国人の新規入国を停止すると
ともに、帰国者には、7 日間（オミクロン株以外の変異株が支配的となっ
ていることが確認されている国・地域については 14 日間）の自宅等待
機と健康観察を実施し、加えて、オミクロン株に係る指定国・地域から
の帰国者には、検疫所の確保する施設での厳格な待機措置を講じた。

　その後、日本の国内対応やＧ7各国が水際措置を撤廃してきているこ
とを踏まえ、令和 4 年 10 月 11 日より、更なる緩和を以下のとおり行っ
た。

・　全ての外国人の新規入国について、受入責任者による管理を求め
　ないこと。

・　査証の免除措置の適用を再開すること。

・　ワクチン3回目接種証明書又は陰性証明書の提出を求めることと

しつつ、全ての帰国者・入国者について、新型コロナウイルスへの感染が疑われる症状がある者を除き、入国時検査を行わないこと。

・　入国者総数の上限を設けないこと。

さらに、中国において、新型コロナウイルス感染症の感染状況が急速に悪化するとともに、詳細な状況の把握が困難であることを踏まえ、新型コロナウイルス感染症の国内への流入の急増を避けるため、同年 12 月 30 日以降、中国本土等からの入国者に対して、入国時検査を実施するなどの臨時的な措置を講じた。

また、令和 3 年 12 月から、オミクロン株の国内新規感染者の発生を受け、原則として、全ての国内新規感染者について、L452R 変異株 PCR 検査を行うとともに、その時点の検査能力を最大限発揮して全ゲノム解析を実施し、早期探知の体制をとった。その後、国内におけるオミクロン株への置き換わりが進んだことを踏まえ、感染者の 5 -10％分又は 300-400 例/週程度の全ゲノム解析を実施することにより、引き続き、変異株の発生動向を監視している。

また、オミクロン株の濃厚接触者の待機期間について、これまでに得られた科学的知見に基づき、順次短くしている。

ワクチンの 3 回目接種については、まずは、重症化リスクが高い高齢者などの方々を対象とし、その後には、一般の方を対象として接種間隔を前倒しして接種を実施することとし、また、オミクロン株について、海外渡航歴がなく、感染経路が不明の事案が発生したことを受け、感染拡大が懸念される地域での無料検査を行っている。経口薬については令和 3 年 12 月 24 日には「モルヌピラビル」が特例承認され、令和 4 年 2 月 10 日には経口薬「ニルマトレルビル／リトナビル」も特例承認され、それぞれ医療現場に供給されている。さらに、重症化リスク因子のない軽症から中等症患者に投与可能な経口薬「エンシトレルビル」が、同年 11 月 22 日に緊急承認され、医療現場に供給されている。あわせて、都道府県における在宅療養をされる方々への健康観察や訪問診療体制の準備状況の自己点検を実施し、政府の方針として、在宅療養体制が整った

自治体において、自治体の総合的な判断の下、感染の急拡大が確認された場合には、陽性者を全員入院、濃厚接触者を全員宿泊施設待機としている取組を見直し、症状に応じて宿泊・自宅療養も活用し、万全の対応ができるようにしている。また、感染拡大が顕著な地域において、保健所業務がひっ迫した場合には、積極的疫学調査、健康観察の重点化、患者発生届の処理の効率化等、保健所業務を重点化・効率化することとした。

　令和4年1月7日には、感染状況や医療提供体制・公衆衛生体制に対する負荷の状況について分析・評価を行い、感染の再拡大を防止する必要性が高いこと等から、法第31条の4第1項に基づき、まん延防止等重点措置を実施すべき期間を同月9日から同月31日までの23日間とし、重点措置区域を広島県、山口県及び沖縄県とする公示を行った。

　令和4年1月19日には、感染状況や医療提供体制・公衆衛生体制に対する負荷の状況について分析・評価を行い、感染の再拡大を防止する必要性が高いこと等から、法第31条の4第3項に基づき、重点措置区域に群馬県、埼玉県、千葉県、東京都、神奈川県、新潟県、岐阜県、愛知県、三重県、香川県、長崎県、熊本県及び宮崎県を追加する変更を行うとともに、群馬県、埼玉県、千葉県、東京都、神奈川県、新潟県、岐阜県、愛知県、三重県、香川県、長崎県、熊本県及び宮崎県において、まん延防止等重点措置を実施すべき期間を同月21日から同年2月13日までの24日間とする公示を行った。あわせて、オミクロン株による感染が急速に拡大している状況等を踏まえ、後述するワクチン・検査パッケージ制度については、原則として、当面適用しないこととした。

　令和4年1月25日には、感染状況や医療提供体制・公衆衛生体制に対する負荷の状況について分析・評価を行い、感染の再拡大を防止する必要性が高いこと等から、法第31条の4第3項に基づき、重点措置区域に北海道、青森県、山形県、福島県、茨城県、栃木県、石川県、長野県、静岡県、京都府、大阪府、兵庫県、島根県、岡山県、福岡県、佐賀県、大分県及び鹿児島県を追加する変更を行うとともに、北海道、青森

県、山形県、福島県、茨城県、栃木県、石川県、長野県、静岡県、京都府、大阪府、兵庫県、島根県、岡山県、福岡県、佐賀県、大分県及び鹿児島県において、まん延防止等重点措置を実施すべき期間を同月 27 日から同年 2 月 20 日までの 25 日間とし、広島県、山口県及び沖縄県においてまん延防止等重点措置を実施すべき期間を同年 2 月 20 日まで延長する旨の公示を行った。

令和 4 年 2 月 3 日には、感染状況や医療提供体制・公衆衛生体制に対する負荷の状況について分析・評価を行い、感染の再拡大を防止する必要性が高いこと等から、法第 31 条の 4 第 3 項に基づき、重点措置区域に和歌山県を追加する変更を行うとともに、和歌山県において、まん延防止等重点措置を実施すべき期間を同月 5 日から同月 27 日までの 23 日間とする公示を行った。

令和 4 年 2 月 10 日には、感染状況や医療提供体制・公衆衛生体制に対する負荷の状況について分析・評価を行い、感染の再拡大を防止する必要性が高いこと等から、法第 31 条の 4 第 3 項に基づき、重点措置区域に高知県を追加する変更を行うとともに、高知県において、まん延防止等重点措置を実施すべき期間を同月 12 日から同年 3 月 6 日までの 23 日間とし、群馬県、埼玉県、千葉県、東京都、神奈川県、新潟県、岐阜県、愛知県、三重県、香川県、長崎県、熊本県及び宮崎県においてまん延防止等重点措置を実施すべき期間を同年 3 月 6 日まで延長し、公示を行った。

令和 4 年 2 月 18 日には、感染状況や医療提供体制・公衆衛生体制に対する負荷の状況について分析・評価を行い、山形県、島根県、山口県、大分県及び沖縄県について、まん延防止等重点措置を実施すべき期間とされている同月 20 日をもってまん延防止等重点措置を終了するとともに、法第 31 条の 4 第 3 項に基づき、北海道、青森県、福島県、茨城県、栃木県、石川県、長野県、静岡県、京都府、大阪府、兵庫県、和歌山県、岡山県、広島県、福岡県、佐賀県及び鹿児島県においてまん延防止等重点措置を実施すべき期間を同年 3 月 6 日まで延長し、公示を行った。

　令和4年3月4日には、感染状況や医療提供体制・公衆衛生体制に対する負荷の状況について分析・評価を行い、福島県、新潟県、長野県、三重県、和歌山県、岡山県、広島県、高知県、福岡県、佐賀県、長崎県、宮崎県及び鹿児島県について、まん延防止等重点措置を実施すべき期間とされている同月6日をもってまん延防止等重点措置を終了するとともに、法第31条の4第3項に基づき、北海道、青森県、茨城県、栃木県、群馬県、埼玉県、千葉県、東京都、神奈川県、石川県、岐阜県、静岡県、愛知県、京都府、大阪府、兵庫県、香川県及び熊本県においてまん延防止等重点措置を実施すべき期間を同月21日まで延長し、公示を行った。

　令和4年3月17日には、感染状況や医療提供体制・公衆衛生体制に対する負荷の状況について分析・評価を行い、北海道、青森県、茨城県、栃木県、群馬県、埼玉県、千葉県、東京都、神奈川県、石川県、岐阜県、静岡県、愛知県、京都府、大阪府、兵庫県、香川県及び熊本県について、まん延防止等重点措置を実施すべき期間とされている同月21日をもってまん延防止等重点措置を終了する公示を行った。

　令和4年2月以降、全国的には概ね減少傾向であった新規陽性者数が、同年6月下旬以降、再び上昇傾向に転じた。同年7月中旬には、BA.5系統への置き換わり等による新規陽性者数の急速な増加に伴い、重症者数や死亡者数は低水準であるが、療養者数や入院者数は増加傾向となった。

　政府は、このような感染状況や医療提供体制・公衆衛生体制に対する負担の状況を踏まえ、現下の感染拡大への対応については、

・　新たな行動制限を行うのではなく社会経済活動をできる限り維持しながら、

・　保健医療体制について、「次の感染拡大に向けた安心確保のための取組の全体像」（令和3年11月12日新型コロナウイルス感染症対策本部決定。以下「全体像」という。）に基づき整備してきた病床等をしっかりと稼働させることを基本に、引き続き、自治体や医療機関等の支援を行い、保健医療体制の確保に万全を期すとともに、

・　医療への負荷に直結する重症化リスクの高い高齢者を守ることに重点

を置いて、効果が高いと見込まれる感染対策に、国・地方が連携して機動的・重点的に取り組むこととし、同時に新型コロナウイルスと併存しつつ平時への移行を慎重に進めていくこととした。

令和4年7月下旬には、感染者の急増により診療・検査医療機関等の外来医療を中心に医療機関等への負荷が急速に高まり、熱中症による影響もあり救急搬送困難事案も地域差はあるが急速に増加した。また、従業員が感染者や濃厚接触者となることにより業務継続が困難となる事業者も増加した。

政府は、こうした状況を踏まえ、一定以上の医療の負荷の増大が認められる都道府県が「BA.5対策強化宣言」を行い、住民及び事業者への協力要請又は呼びかけを実施する際に、当該都道府県を「BA.5対策強化地域」と位置づけ、その取組を支援することとした。同年8月24日までには合計27道府県を「BA.5対策強化地域」と位置付けた。その後、感染状況や保健医療の負荷の状況を踏まえ、同年9月30日までに、当該道府県の「BA.5対策強化地域」の位置付けを終了した。

また、政府は、「全体像」に基づく最大確保病床・ベッド数約5万の全面的な稼働に向けた病床等の即応化に加え、自ら検査した結果を、都道府県等が設置し、医師を配置する健康フォローアップセンター等に登録し、外来受診を経ることなく迅速に療養につなげる仕組みの整備、患者発生届の届出項目の削減、療養開始時に検査証明を求めないことの徹底等、医療機関や保健所の負担軽減への対応を行った。

加えて、政府は、同年8月25日に、診療・検査医療機関や保健所業務が極めてひっ迫した地域において、当面の緊急的な対応として、都道府県知事の申出により、発生届の範囲を①65歳以上、②入院を要する者、③重症化リスク因子があり治療薬投与等が必要な者、④妊娠している者に限定することを可能とした。

さらに、「Withコロナに向けた政策の考え方」（令和4年9月8日新型コロナウイルス感染症対策本部決定）に基づき、感染拡大防止と社会経済活動の両立をより強固に推進していくこととした。

　同年秋以降の新型コロナウイルスの感染拡大においては、これまで
の感染拡大を大幅に超える感染者数が生じることもあり得るとされてお
り、また、季節性インフルエンザとの同時流行が懸念されている。この
ような事態にも対応できるよう、厚生労働省において、「新型コロナウ
イルスと季節性インフルエンザの同時流行に備えた対応」を決定し、こ
れに基づき、限りある医療資源の中でも高齢者等重症化リスクの高い方
に適切な医療を提供するための保健医療体制の強化・重点化を進めてい
くこととした。加えて、厚生労働省において、医療関係団体、アカデミ
ア、経済団体、地方自治体等をメンバーとする「新型コロナ・インフル
同時流行対策タスクフォース」を同年 10 月 13 日に立ち上げてから、
12 月にかけて 3 回開催し、感染状況等に応じた国民への呼びかけの方針
等を決定し、一丸となって国民への呼びかけを行うこととした。
　同年 10 月半ば以降、地域差はあるものの全国で新規感染者数が増加に
転じ、同年 11 月には同年夏の新規感染者数のピークを超える自治体も生
じるとともに、全国的に病床使用率が上昇し、令和 5 年 1 月には救急搬
送困難事案数についても過去最多を記録した。また、新規感染者のうち
80 代以上の高齢者の占める割合が増加し、これに伴い死亡者が増加した。
　こうした中で、政府は、感染が著しく拡大し、同年冬の季節性インフ
ルエンザとの同時流行も想定した外来等の保健医療体制の強化等を実施
してもなお、保健医療への負荷が高まった都道府県が「医療ひっ迫防止
対策強化宣言」を行い、医療体制の機能維持・確保、感染拡大防止措置
及び業務継続体制の確保等に係る対策を強化する際に、当該都道府県を
「医療ひっ迫防止対策強化地域」と位置付け、その取組を支援すること
とした。政府は、一部の地域において入院や外来等の保健医療への負荷
が高まったこと等を踏まえ、同年 12 月には岐阜県を、令和 5 年 1 月には
静岡県を「医療ひっ迫防止対策強化地域」と位置付けた。

（7）オミクロン株の特性を踏まえた感染症法上の取扱いの見直し
　オミクロン株については、若者の重症化リスクは低く、大部分の人

は感染しても軽症で入院することはなく、一方で、高齢者のリスクは引き続き高い。このようなウイルスの特性を踏まえ、感染症の予防及び感染症の患者に対する医療に関する法律（平成 10 年法律第 114 号。以下「感染症法」という。）上の措置について、以下の対応を行うこととした。

① 発生届の対象者の見直し（全数届出の見直し）

感染症法第 12 条に定める発生届の対象者について、（ⅰ）65 歳以上、（ⅱ）入院を要する者、（ⅲ）重症化リスク因子があり治療薬投与等が必要な者、（ⅳ）妊娠している者の 4 類型に限定し、令和 4 年 9 月 26 日より全国一律で適用を開始する。

その際、発生届の対象外となる者が安心して自宅療養をできるようにするため、（ⅰ）抗原定性検査キットの OTC 化（インターネット等での販売を解禁）、（ⅱ）体調悪化時等に連絡・相談できる健康フォローアップセンターの全都道府県での整備、（ⅲ）必要に応じて、宿泊療養や配食等の支援が可能になるようにすること等、必要な環境を整備する。

また、今回の見直に伴い、HER-SYS の追加機能により、医療機関の患者数及び健康フォローアップセンターの登録者数を集計することで感染者の総数の把握（全数把握）を継続する。

② 陽性者の自宅療養期間の見直し

自宅療養期間については、療養者が有症状の場合には 10 日間、無症状の場合には 7 日間は引き続き、自身による検温、高齢者等重症化リスクの高い者との接触や、感染リスクの高い行動を控えることを前提に、以下のとおり短縮することとし、令和 4 年 9 月 7 日から適用する。

・ 有症状の場合、発症から 10 日間かつ症状軽快後 72 時間としていたところ、7 日間かつ症状軽快後 24 時間に変更（ただし、現に入院している場合は 10 日間）。

・ 無症状の場合、検体採取から 7 日間としていたところ、5 日目の抗原定性検査キットによる検査により陰性であった場合、5 日間に

　変更。
　また、感染症法第44条の3に基づき、陽性者に対する外出自粛要請は引き続き行うが、症状軽快後24時間経過後又は無症状の場合には、感染リスクが残るため、マスクは必ず着用すること、短時間とすること等の自主的な感染予防行動を徹底することを前提に、食料品の買い出しなど必要最低限の外出を許容する。

（8）新型コロナウイルス感染症の感染症法上の位置づけの変更
　「新型コロナウイルス感染症の感染症法上の位置づけの変更等に関する対応方針について」（令和5年1月27日新型コロナウイルス感染症対策本部決定）を決定し、オミクロン株とは大きく病原性が異なる変異株が出現するなどの特段の事情が生じない限り、同年5月8日から新型コロナウイルス感染症（COVID-19）について、感染症法上の新型インフルエンザ等感染症に該当しないものとし、5類感染症に位置づけることとした。

二　新型コロナウイルス感染症の対処に関する全般的な方針
　新型コロナウイルス感染症の感染拡大に備え、「全体像」に基づき、ワクチン接種、検査、治療薬等の普及による予防、発見から早期治療までの流れを更に強化するとともに、最悪の事態を想定した対応を行う。
　このため、デルタ株への置き換わり等による令和3年夏のピーク時における急速な感染拡大に学び、今後、感染力が2倍（若年者のワクチン接種が70％まで進展し、それ以外の条件が令和3年夏と同一である場合と比較し、新たな変異株の流行や生活行動の変化等による、「令和3年夏の実質2倍程度の感染拡大が起こるような状況」）となった場合にも対応できるよう、医療提供体制の強化、ワクチン接種の促進、治療薬の確保を進める。
　こうした取組により、重症化する患者数が抑制され、病床ひっ迫がこれまでより生じにくくなり、感染拡大が生じても、国民の命と健康

を損なう事態を回避することが可能となる。今後は、こうした状況の変化を踏まえ、感染リスクを引き下げながら経済社会活動の継続を可能とする新たな日常の実現を図る。

その上で、感染力が2倍を大きく超え、例えば感染力が3倍（若年者のワクチン接種が70％まで進展し、それ以外の条件が令和3年夏と同一である場合と比較し、新たな変異株の流行や、生活行動の変化等による、「令和3年夏の実質3倍程度の感染拡大が起こるような状況」）となり、医療がひっ迫するなど、それ以上の感染拡大が生じた場合には、強い行動制限を機動的に国民に求めるとともに、政府の責任において、新型コロナウイルス感染症以外の通常医療の制限の下、緊急的な病床等を確保するための具体的措置を講じる。

（1）医療提供体制の強化

今後の医療提供体制については、「全体像」に基づき、今後も中長期的に感染拡大が反復する可能性があることを前提に、次の点を重点として各都道府県において「保健・医療提供体制確保計画」を策定し、検査から入院までの総合的な保健・医療提供体制を構築している。

・　今後、感染力が2倍となった場合にも対応できるよう、ワクチン接種の進展等による感染拡大の抑制効果等も勘案しつつ、入院を必要とする方が、まずは迅速に病床又は臨時の医療施設等に受け入れられ、確実に入院につなげる体制を整備。

・　感染拡大時に臨時の医療施設等が円滑に稼働できるよう、医療人材の確保、配置調整を担う体制を構築。

・　医療体制の稼働状況の医療機関等情報支援システム（Gathering Medical Information System：G-MIS）やレセプトデータ等を活用した徹底的な「見える化」。

また、こうした「全体像」に基づく保健・医療提供体制をしっかりと稼働させることを基本としつつ、その中でもオミクロン株の特徴に対応する対策の強化・迅速化を図る。

具体的には、オミクロン株の特性やワクチン接種の進展を踏まえつ

つ、令和4年1月以降、自宅療養者等の支援の点検・強化を図るとともに、診療報酬の加算措置を延長した上での診療・検査医療機関の拡充・公表等の診療・検査の体制整備、転院や救急搬送受入れの対応強化、高齢者施設等に看護職員を派遣した場合の補助の拡充等の自宅療養や高齢者施設等における療養の環境整備、通常医療との両立についての徹底・強化を図っている。引き続き必要な財政支援を図りながら、更なる対策の強化・徹底を図る。

（2）ワクチン接種の促進
　オミクロン株対応ワクチンについては、従来型ワクチンを上回る重症化予防効果等があることや、今後の変異株に対しても従来型ワクチンより効果が高いことが期待されており、まだ接種していない方に対して接種の積極的な検討を呼びかけていく。さらに、比較的若い世代等を中心に、1回目・2回目接種が完了していない者へは引き続き接種を促す。5歳から11歳までの子供や生後6か月から4歳までの乳幼児についても、ワクチン接種を着実に進めていく。

（3）治療薬の確保
　新型コロナウイルス感染症の治療薬については、国産経口薬を含む治療薬の開発費用を支援している。また、経口薬については、令和3年12月24日には「モルヌピラビル」が特例承認された。さらに、令和4年2月10日には経口薬「ニルマトレルビル／リトナビル」も特例承認され、それぞれ医療現場に供給されており、同年9月16日には「モルヌピラビル」の一般流通が開始された。加えて、中和抗体薬「カシリビマブ／イムデビマブ」及び「ソトロビマブ」について、他の治療薬が使用できない場合に投与が可能とされている。
　さらに、同年8月30日には、「チキサゲビマブ／シルガビマブ」が特例承認され、発症抑制を目的として、同年9月中旬から医療現場への供給が開始されている。

　このように、中期的な感染拡大においても、軽症から中等症の重症化リスク因子を有する者が確実に治療を受けられるようにするため、治療薬の作用する仕組みや開発ステージは様々であることも考慮して、複数の治療薬（中和抗体薬、経口薬）の確保に向けて取り組んできた結果、既に一般流通を行っている「レムデシビル」や「モルヌピラビル」をはじめ、複数の治療の選択肢が活用可能となっている。また、重症化リスク因子のない軽症から中等症患者に投与可能な経口薬「エンシトレルビル」が、同年 11 月 22 日に緊急承認され、医療現場に供給されている。

（４）感染防止策
　新型コロナウイルス感染症の感染経路は、せき、くしゃみ、会話等のときに排出される飛沫やエアロゾルの吸入、接触感染等と考えられていることから、基本的な感染対策が重要である。加えて、政府及び地方公共団体が積極的・戦略的な検査と積極的疫学調査により、感染拡大の起点となっている場所や活動を特定して効果的な対策を講じること、さらに、感染状況に応じて、人流や人との接触機会を削減することが重要である。
　基本的な感染対策とは、「三つの密」（①密閉空間（換気の悪い密閉空間である）、②密集場所（多くの人が密集している）、③密接場面（互いに手を伸ばしたら手が届く距離での会話や発声が行われる）という３つの条件をいう。以下同じ。）の回避、「人と人との距離の確保」、「マスクの着用」、「手洗い等の手指衛生」、「換気」等をいう。
　このうち、「マスクの着用」の考え方については、個人の主体的な選択を尊重し、着用は個人の判断に委ねることを基本とし、政府は各個人のマスクの着用の判断に資するよう、令和５年２月 10 日新型インフルエンザ等対策推進会議基本的対処方針分科会（以下「基本的対処方針分科会」という。）で示された「マスク着用の有効性に関する科学的知見」等を踏まえ、感染防止対策としてマスク（不織布マスクを推奨）

の着用が効果的である場面などを示すこととする。

① 高齢者等重症化リスクの高い者への感染を防ぐため、マスクの着用が効果的な下記の場面では、マスクの着用を推奨する。
　・ 医療機関受診時
　・ 高齢者等重症化リスクが高い方が多く入院・生活する医療機関や高齢者施設等への訪問時
　・ 通勤ラッシュ時等混雑した電車やバス（概ね全員の着席が可能であるもの（新幹線、通勤ライナー、高速バス、貸切バス等）を除く。）に乗車する時（当面の取扱）

② 新型コロナウイルス感染症の流行期に重症化リスクの高い方が混雑した場所に行く時は、感染から自身を守るための対策としてマスクの着用が効果的であることを周知していく。

③ 症状がある方、新型コロナ検査陽性の方、同居家族に陽性者がいる方は、周囲の方に感染を広げないため、外出を控える。通院等やむを得ず外出をする時には、人混みは避け、マスクを着用する。

④ 高齢者等重症化リスクが高い方が多く入院・生活する医療機関や高齢者施設等の従事者については、勤務中のマスクの着用を推奨する。

マスクの着用は個人の判断に委ねられるものであるが、事業者が感染対策上又は事業上の理由等により、利用者又は従業員にマスクの着用を求めることは許容される。

この「マスクの着用」の考え方は、円滑な移行を図る観点から、国民への周知期間や各業界団体及び事業者の準備期間等も考慮し、同年3月13日から適用することとする。各業界団体においては、上記及び下記の方針に沿って業種別ガイドラインの見直しを行い、現場や利用者へ周知する。同日までの間はこれまでの考え方に沿った対応をお願いする。

なお、「マスクの着用」の考え方の適用に当たっては、以下の点に留意する。

　・ マスクを着用するかどうかは、個人の判断に委ねることを基本と

し、本人の意思に反してマスクの着脱を強いることがないよう、個人の主体的な判断が尊重されるよう周知していく。

・　子供については、すこやかな発育・発達の妨げとならないよう配慮することが重要であり、保育所等に対してもマスク着用の考え方を周知する。

・　感染が大きく拡大している場合には、一時的に場面に応じた適切なマスクの着用を広く呼びかけるなど、より強い感染対策を求めることがあり得る。ただし、そのような場合においても、子供のマスクの着用については、健康面等への影響も懸念されており、引き続き、保護者や周りの大人が個々の子供の体調に十分注意する必要がある。

「マスクの着用」の考え方の適用後であっても、基本的な感染対策は重要であり、政府は、引き続き、「三つの密」の回避、「人と人との距離の確保」、「手洗い等の手指衛生」、「換気」等の励行について呼びかけることとする。

また、新型コロナウイルス感染症の感染症法上の位置づけが変更された以降は、本方針及び業種別ガイドラインは廃止となり、個人及び事業者は自主的な感染対策に取り組むこととなる。政府は、感染症法上の位置づけ変更後も、自主的な感染対策について必要となる情報提供を行うなど、個人及び事業者の取組みを支援していくこととする。

政府は、これまでの感染拡大期の経験や国内外の様々な研究等の知見を踏まえ、より効果的な感染防止策等を講じていく。また、都道府県は、感染の拡大が認められる場合に、政府と密接に連携しながら、速やかに効果的な感染対策等を講じるものとする。

法第 32 条第 1 項に規定する事態が発生したと認めるときは、緊急事態宣言を発出し、法第 45 条等に基づき必要な措置を講じる。また、法第 31 条の 4 第 1 項に規定する事態が発生したと認めるときは、まん延防止等重点措置として法第 31 条の 6 に基づき必要な措置を講じる。

緊急事態措置区域及び重点措置区域等においては、飲食店の営業時間短縮、イベントの人数制限、県をまたぐ移動の自粛、出勤者数の削

減の要請等の感染防止策を講じるとともに、第三者認証制度や別途定めるワクチン・検査パッケージ制度（以下単に「ワクチン・検査パッケージ制度」という。）、対象者に対する全員検査（以下「対象者全員検査」という。）等を活用し、感染拡大を防止しながら、日常生活や経済社会活動を継続できるように取り組むものとする。ただし、感染が急速に拡大し、医療提供体制のひっ迫が見込まれる場合等においては、政府・都道府県の判断で、ワクチン・検査パッケージ制度等を適用せず、強い行動制限を要請することとする。

　上記の緊急事態宣言の発出等については、以下のとおり取り扱う。

１）緊急事態宣言の発出及び解除

（緊急事態宣言発出の考え方）

　　国内での感染拡大及び医療提供体制・公衆衛生体制のひっ迫の状況（特に、令和３年11月８日の新型インフルエンザ等対策推進会議新型コロナウイルス感染症対策分科会（以下「コロナ分科会」という。）提言におけるレベル（以下「旧レベル」という。）３相当の対策が必要な地域の状況等）を踏まえて、全国的かつ急速なまん延により国民生活及び国民経済に甚大な影響を及ぼすおそれがあるか否かについて、政府対策本部長が基本的対処方針分科会の意見を十分踏まえた上で、総合的に判断する。なお、緊急事態措置区域を定めるに当たっては、都道府県間の社会経済的なつながり等を考慮する。

（緊急事態宣言解除の考え方）

　　国内での感染及び医療提供体制・公衆衛生体制のひっ迫の状況（特に、緊急事態措置区域が、旧レベル２相当の対策が必要な地域になっているかなど）を踏まえて、政府対策本部長が基本的対処方針分科会の意見を十分踏まえた上で、より慎重に総合的に判断する。

　　なお、緊急事態宣言の解除後の対策の緩和については段階的に行う。

２）まん延防止等重点措置の実施及び終了

　　まん延防止等重点措置の実施及び終了については、令和３年11月

　　8日のコロナ分科会提言を踏まえ、以下を基本として判断すること
とする。
（まん延防止等重点措置の実施の考え方）
　　都道府県の特定の区域において感染が拡大し、当該都道府県全域
に感染が拡大するおそれがあり、それに伴い医療提供体制・公衆衛
生体制に支障が生ずるおそれがあると認められる以下のような場合
に、政府対策本部長が基本的対処方針分科会の意見を十分踏まえた
上で、総合的に判断する。
・　都道府県が旧レベル３相当の対策が必要な地域の状況になって
　　いる場合
・　都道府県が旧レベル２相当の対策が必要な地域において、当該
　　都道府県の特定の区域において感染が急速に拡大し、都道府県全
　　域に感染が拡大するおそれがあると認められる場合
・　都道府県が旧レベル２相当の対策が必要な地域において、感染
　　が減少傾向であっても、当該都道府県の特定の区域において感染
　　水準が高い又は感染が拡大しているなど、感染の再拡大を防止す
　　る必要性が高い場合
（まん延防止等重点措置の終了の考え方）
　　都道府県の感染及び医療提供体制・公衆衛生体制のひっ迫の状況
（特に、まん延防止等重点措置を実施している区域の感染状況が、
都道府県全域に感染を拡大させるおそれがない水準かなど）を踏ま
えて、政府対策本部長が基本的対処方針分科会の意見を十分踏まえ
た上で、総合的に判断する。

（５）オミクロン株の特徴を踏まえた感染防止策
　　令和４年秋以降の新型コロナウイルスの感染拡大においては、これ
までの感染拡大を大幅に超える感染者数が生じることもあり得るとさ
れており、また、季節性インフルエンザとの同時流行が懸念されてい
る。その場合でも、同年夏と同様、オミクロン株と同程度の感染力・

病原性の変異株による感染拡大であれば、二（４）１）及び２）の記載に関わらず、新たな行動制限は行わず、社会経済活動を維持しながら、高齢者等を守ることに重点を置いて感染拡大防止策を講じるとともに、同時流行も想定した外来等の保健医療体制を準備することを基本的な考え方とする。

１）国民への周知等

　国民に対し、基本的な感染対策を徹底することに加え、早期にオミクロン株対応ワクチンの接種を受けること、場面に応じた適切なマスクの着脱を行うこと、家庭内においても室内を定期的に換気するとともにこまめに手洗いを行うこと、帰省等で高齢者や基礎疾患のある者と会う際は、事前の検査を行うこと等を促す。

　換気については、令和４年７月14日のコロナ分科会提言を踏まえ、エアロゾル感染に対応した屋内の効果的な換気等を行うことを促す。特に高齢者施設、学校、保育所等においては、同提言で示された施設の特性に応じた留意点を踏まえ効果的な換気を実施すること等を促す。

２）医療機関・高齢者施設等、学校・保育所等における感染対策

①　医療機関・高齢者施設等

　感染が拡大している状況において、市中で感染がまん延し地域の感染状況が悪化している場合には、まず、院内・施設内に感染を持ち込まないようにするため、職員の検査や入院時・入所時のスクリーニングを強化する。

　院内・施設内の感染対策については、感染が持ち込まれることを想定し、感染を拡大させないために、基本的な感染対策を徹底する。

　それでもクラスターが起こり得ることを前提に、平時から準備（医療支援の体制確保、業務継続体制の確保、感染者の周囲への一斉検査の実施等）を行う。

　こうした考え方に基づき、令和４年10月13日のコロナ分科会

の提言を踏まえた具体的な対策を実施する。なお、医療機関においては感染対策のガイドライン等（学会の作成したガイドラインや「新型コロナウイルス感染症（COVID-19）診療の手引き」）、高齢者施設等においては「介護現場における感染対策の手引き」に基づく対応を徹底する。

② 学校・保育所等

学校・保育所等での感染対策については、子供の教育機会を可能な限り確保するとともに、子供や教育現場、医療現場の負担に配慮して効果的・効率的な対策に取り組む。

また、同年秋以降の感染拡大においては、季節性インフルエンザとの同時流行が予想されており、子供が流行の主体である季節性インフルエンザの感染対策も念頭において、体調不良時に登校や登園を控える、部活動を含めた学校内での換気等による感染対策を推進する。

こうした考え方に基づき、令和4年10月13日のコロナ分科会の提言を踏まえ、具体的な対策を実施する。なお、学校・保育所等においては、この他に以下のことに留意する。

（学校における取組）

・ 「学校における新型コロナウイルス感染症に関する衛生管理マニュアル」等を踏まえた対応を基本としつつ、学校教育活動の実施に当たっては、マスクの着用を求めないことを基本とする。次に掲げる事項に留意する。①基礎疾患等の様々な事情により、感染不安を抱き、引き続きマスクの着用を希望する児童生徒に対して適切に配慮するとともに、換気の確保等の必要な対策を講じること。②地域や学校における新型コロナウイルス感染症や季節性インフルエンザの感染状況等に応じて、学校・教員が児童生徒に対して着用を促すことも考えられるが、そのような場合も含め、児童生徒や保護者等の主体的な判断が尊重されるよう、着脱を強いることがないようにすること。以上の

マスクに関する取扱いについては、令和5年4月1日より適用するものとする。

・　上記の適用時期にかかわらず、同日より前に実施される卒業式におけるマスクの着用については、卒業式の教育的意義を考慮し、児童生徒等はマスクを着用せず出席することを基本とし、その際の留意事項を示すこととする。

・　地域の実情に応じ、小学校等内で感染者が複数確認された場合の関係する教職員等に対する検査の実施等を行う。

・　学齢期の子供がいる医療従事者等の負担等の家庭・地域の社会経済的事情等を考慮し、学校全体の臨時休業とする前に、地方公共団体や学校設置者の判断により、児童生徒等の発達段階等を踏まえた時差登校や分散登校、オンライン学習を組み合わせたハイブリッドな学習形態を実施する。また、学校の臨時休業は、感染状況を踏まえ、学校設置者の判断で機動的に行い得るものであるが、感染者が発生していない学校全体の臨時休業については、児童生徒等の学びの保障や心身への影響等を踏まえ、慎重に検討する。

・　なお、大学等においても適切に対応する。

（保育所・認定こども園等における取組）

・　保育所等が果たす社会的機能を維持するため原則開所を要請するとともに、医療従事者等の社会機能維持者等の就労継続が可能となるよう、休園した保育所等の児童に対する代替保育を確保するなど、地域の保育機能を維持する。

・　「保育所における感染症対策ガイドライン」等を踏まえた対応を基本としつつ、感染リスクが高い活動を避けるとともに、児童をできるだけ少人数のグループに分割するなど、感染を広げない形での保育の実践を行う。

・　2歳未満児のマスク着用は奨めない。
　　2歳以上児についても、マスクの着用は求めない。あわせて、

基礎疾患がある等の様々な事情により、感染不安を抱き、引き続きマスクの着用を希望する子供や保護者に対して適切に配慮するとともに、換気の確保等の必要な対策を講じることとする。以上のマスクに関する取扱いについては、令和5年3月13日より適用するものとする。

・　地域の実情に応じ、感染者が発生した場合の早期の幅広い検査の実施等を行う。

3）保健医療への負荷が高まった場合の対応

令和3年11月8日のコロナ分科会提言で示されたレベル分類について、医療のひっ迫度に着目する基本的な考え方は維持しながら、オミクロン株に対応し、外来医療の状況等に着目したレベル分類（以下「新レベル分類」という。）に見直した上で、各段階に応じた感染拡大防止措置を講じる。

また、「今秋以降の感染拡大で保健医療への負荷が高まった場合の対応について」（令和4年11月18日新型コロナウイルス感染症対策本部決定）に基づき、新レベル分類における各段階に応じた協力要請・呼びかけを行う。

①　「医療ひっ迫防止対策強化宣言」に基づく対策

新レベル分類の「レベル3　医療負荷増大期」においては、地域の実情に応じて、都道府県が「医療ひっ迫防止対策強化宣言」を行い、住民に対して、感染拡大の状況や、医療の負荷の状況に関する情報発信を強化するとともに、より慎重な行動の協力要請・呼びかけを実施すること、事業者に対して、多数の欠勤者を前提とした業務継続体制の確保に関する協力要請・呼びかけを実施すること等を選択肢とした取組を行う。国は、当該都道府県を「医療ひっ迫防止対策強化地域」と位置付け、既存の支援に加え、必要に応じて支援を行う。

②　「医療非常事態宣言」に基づく対策

新レベル分類の「レベル3　医療負荷増大期」において、急速

な感染拡大が生じている場合や、上記の「医療ひっ迫防止対策強化宣言」に基づく対策を講じても感染拡大が続き、医療が機能不全の状態になり、社会インフラの維持にも支障が生じる段階（新レベル分類の「レベル4　医療機能不全期」）になることを回避するために、地域の実情に応じて、都道府県が「医療非常事態宣言」を行い、国は、当該都道府県を「医療非常事態地域」として位置付ける。当該都道府県は、住民及び事業者に対して、人との接触機会の低減について、より強力な要請・呼びかけを行う。

三　新型コロナウイルス感染症対策の実施に関する重要事項

　　二の全般的な方針を踏まえ、主として以下の重要事項に関する取組を進める。

（1）情報提供・共有

　　①　政府は、地方公共団体と連携しつつ、以下の点について、国民の共感が得られるようなメッセージを発出するとともに、状況の変化に即応した情報提供や呼びかけを行い、行動変容に資する啓発を進めるとともに、冷静な対応をお願いする。

　　　・　発生状況や患者の病態等の臨床情報等の正確な情報提供。

　　　・　国民に分かりやすい疫学解析情報の提供。

　　　・　医療提供体制及び検査体制に関する分かりやすい形での情報の提供。特に、感染状況が悪化し、医療提供体制がひっ迫した場合には、その影響を具体的に分かりやすい形で示すこと。

　　　・　変異株についての正確で分かりやすい情報の提供。

　　　・　「三つの密」の回避や、「人と人との距離の確保」、「マスクの着用」、「手洗い等の手指衛生」、「換気」をはじめとした基本的な感染対策の徹底等、感染拡大を予防する「新しい生活様式」の定着に向けた周知。

　　　　　なお、本人の意に反してマスクの着脱を無理強いすることにならないよう、丁寧に周知する。

- ・　業種別ガイドライン等の実践。特に、飲食店等について、第三者認証を取得している飲食店等を利用するよう、促すこと。
- ・　風邪症状等体調不良が見られる場合の休暇取得、学校の欠席、外出・移動自粛等の呼びかけ。
- ・　感染リスクを下げるため、医療機関を受診する時は、あらかじめ厚生労働省が定める方法による必要があることの周知。
- ・　新型コロナウイルス感染症についての相談・受診の考え方を分かりやすく周知すること。
- ・　感染者・濃厚接触者や、診療に携わった医療機関・医療関係者その他の対策に携わった方々に対する誤解や偏見に基づく差別を行わないことの呼びかけ。
- ・　従業員及び学生の健康管理や感染対策の徹底についての周知。
- ・　地域独自の二次元バーコード等による通知システム等の利用の呼びかけ。

② 　政府は、広報担当官を中心に、官邸のウェブサイトにおいて厚生労働省等関係省庁のウェブサイトへのリンクを紹介するなどして有機的に連携させ、かつ、ソーシャルネットワーキングサービス（SNS）等の媒体も積極的に活用することで、迅速かつ積極的に国民等への情報発信を行う。

③ 　政府は、民間企業等とも協力して、情報が必ずしも届いていない層に十分な情報が行き届くよう、丁寧な情報発信を行う。

④ 　厚生労働省は、感染症やクラスターの発生状況について迅速に情報を公開する。

⑤ 　外務省は、全世界で感染が拡大していることを踏まえ、各国に滞在する邦人等への適切な情報提供、支援を行う。

⑥ 　政府は、検疫所からの情報提供に加え、企業等の海外出張又は長期の海外滞在のある事業所、留学や旅行機会の多い大学等においても、帰国者への適切な情報提供を行い、渡航の是非の判断・確認や、帰国者に対する自宅等待機等の必要な対策を講じるよう周知を図る。

⑦　政府は、国民、在留外国人、外国人旅行者及び外国政府に対し、帰国時・入国時の手続や目的地までの交通手段の確保等について適切かつ迅速な情報提供を行い、国内でのまん延防止と風評対策につなげる。また、政府は、日本の感染対策や感染状況の十分な理解を醸成するよう、諸外国に対して情報発信に努める。

⑧　地方公共団体は、政府との緊密な情報連携により、様々な手段により住民に対して地域の感染状況に応じたメッセージや注意喚起を行う。

⑨　都道府県等は、厚生労働省や専門家と連携しつつ、積極的疫学調査により得られた情報を分析し、今後の対策に資する知見をまとめて、国民に還元するよう努める。

⑩　政府は、今般の新型コロナウイルス感染症に係る事態が行政文書の管理に関するガイドライン（平成23年4月1日内閣総理大臣決定）に基づく「歴史的緊急事態」と判断されたことを踏まえた対応を行う。地方公共団体も、これに準じた対応に努める。

（２）ワクチン接種

　政府、都道府県及び市町村は、以下のように新型コロナウイルス感染症に係るワクチン接種を行う。

①　新型コロナウイルス感染症に係る従来株によるワクチンの接種目的は、1～3回目接種は、新型コロナウイルス感染症の重症化予防・発症予防等、4回目接種は重症化予防である。

②　予防接種については、予防接種法及び検疫法の一部を改正する法律（令和2年法律第75号）による改正後の予防接種法（昭和23年法律第68号）に基づく臨時接種の特例として、厚生労働大臣の指示の下、都道府県の協力により市町村において実施する。

③　予防接種の実施体制等については、令和3年2月9日の「新型コロナウイルス感染症に係るワクチン接種について」（内閣官房及び厚生労働省）を踏まえ接種を円滑かつ効率的に実施する観点に立って行う。

④　オミクロン株対応ワクチンの接種については、令和4年秋開始接種として、12歳以上の1回目・2回目接種（初回接種）を完了した者を対象に実施しており、まだ接種していない方に対して接種の積極的な検討を呼びかけていく。

⑤　何らかの理由でオミクロン株対応ワクチン以外のワクチンの接種を希望する者については、令和4年秋開始接種として従来型の武田社ワクチン（ノババックス）を接種することを可能とする。

⑥　5歳から11歳までの子供や生後6か月から4歳までの乳幼児について、ワクチン接種を着実に進めていく。

⑦　予防接種法に基づく健康被害が生じた場合の救済措置や副反応疑い報告等について、適切に実施する。

⑧　予防接種は最終的には個人の判断で接種されるものであることから、予防接種に当たっては、リスクとベネフィットを総合的に勘案し接種の判断ができる情報を提供することが必要である。

その上で、政府は、国民に対して、ワクチンの安全性及び有効性についての情報を提供するなど、的確かつ丁寧なコミュニケーション等を進め、幅広く予防接種への理解を得るとともに、国民が自らの意思で接種の判断を行うことができるよう取り組む。

⑨　ワクチンについて、国内で開発・生産ができる体制を確立しておくことは、危機管理上も極めて重要であり、国内での開発・生産の基盤整備を進める。

（3）サーベイランス・情報収集

①　発生届の対象者の見直しに伴い、HER-SYSの追加機能により、医療機関の患者数及び健康フォローアップセンターの登録者数を集計することで感染者の総数の把握を継続する。

②　厚生労働省及び都道府県等は、感染が拡大する傾向がみられる場合はそれを迅速に察知して的確に対応できるよう、戦略的サーベイランス体制を整えておく必要がある。

　　また、政府と都道府県等で協働して今後の感染拡大局面も見据えた準
　備を進めるため、厚生労働省は、財政的な支援をはじめ必要な支援を行
　い、都道府県等は、相談・検体採取・検査の一連のプロセスを通じた対
　策を実施する。

③　厚生労働省は、医療機関や保健所の事務負担の軽減を図りつつ、患
　者等に関する情報を関係者で迅速に共有するため、都道府県別の陽
　性者数等の統計データの収集・分析を行うとともに、その結果を適
　宜公表し、より効果的・効率的な対策に活用していく。

④　文部科学省及び厚生労働省は、学校等での集団発生の把握の強化を図
　る。

⑤　都道府県等は、厚生労働省や専門家と連携しつつ、地域の感染状況や
　保健所の実施体制等に応じて、積極的疫学調査を実施し、個々の濃厚接
　触者を把握し、健康観察、外出自粛の要請等を行うとともに、感染拡大
　の規模を的確に把握し、適切な感染対策を行うことを原則としつつ、オ
　ミクロン株の特徴（潜伏期間と発症期間が短い）や感染拡大の状況を
　踏まえ、地域の実情に応じ、保健所等による積極的疫学調査については、
　医療機関や高齢者施設等、特に重症化リスクが高い方々が入院・入所し
　ている施設における感染事例に集中化する。

　　このような状況においては、国民ひとりひとりが基本的な感染
　対策を徹底することが重要である。特に、症状がある場合などに
　は、保健所等による濃厚接触者の特定等を待つことなく、出勤、
　登校等の自粛を含めた感染対策を自主的に講じることが重要であ
　る。

　　その上で、積極的疫学調査の実施及び濃厚接触者の特定につい
　て、保健所等による対応が可能な自治体においては、引き続き、
　幅広く行うこととしつつ、オミクロン株が主流の間は、濃厚接触
　者の感染リスクが低い事業所等において、保健所等による濃厚接
　触者の特定を行わない場合は、出勤については一律に制限を行わ
　ず、感染者と接触があった者に対して、重症化リスクの高い方と

の接触や感染リスクの高い場所への外出を控えることを促す等、状況に応じた自主的な感染対策の徹底を求める。一方で、重症化リスクの高い方が入院・入所している医療機関や高齢者施設等について、当該施設等からの報告等に基づき、濃厚接触者の特定を含めた積極的疫学調査を集中的に実施し、行動制限を求める。また、感染するリスクの高い家庭内の濃厚接触者についても、保健所等による特定・行動制限を実施する。

⑥　オミクロン株の濃厚接触者の待機期間について、これまでに得られた科学的知見に基づき、14日から10日に、10日から7日に短くしており、さらに令和4年7月22日には7日から5日に短縮した。また、2日目と3日目に2日続けて検査が陰性であった場合には、3日目に待機を解除する取扱いを実施できることとする。加えて、医療機関、高齢者施設等や保育所、幼稚園、小学校等の従事者について、一定の要件の下、毎日検査による業務従事を可能とする。

⑦　都道府県等は、新たな変異株が確認された場合には、国立感染症研究所の評価・分析を踏まえ、入院措置・勧告、宿泊療養等の措置を適切に講じる。厚生労働省は、国立感染症研究所と連携して、変異株の国内症例の評価・分析を行う。

⑧　厚生労働省は、市中での感染状況を含め国内の流行状況等を把握するため、抗体保有状況に関する調査等有効なサーベイランスを実施する。また、いわゆる超過死亡については、新型コロナウイルス感染症における超過死亡を推計し、適切に把握する。国立感染症研究所における新型コロナウイルス検出方法等の検討や下水サーベイランスを活用した新型コロナ調査研究を支援するなど、引き続き、下水サーベイランス活用について検証を加速する。

⑨　政府は、医療機関の空床状況や人工呼吸器・ECMOの保有・稼働状況等を迅速に把握する医療機関等情報支援システム（G-MIS）を構築・運営し、医療提供状況やPCR検査等の実施状況等を一元的かつ即座に把握

するとともに、都道府県等にも提供し、迅速な患者の受入調整等にも活
用する。

⑩　厚生労働省は、新型コロナウイルス感染症に関する罹患後症状、いわ
ゆる後遺症について、調査・研究を進める。

⑪　都道府県等は、感染症法第 12 条及び第 15 条に基づき、地方公共団体
間での迅速な情報共有を行うとともに、都道府県は、令和 3 年 11 月 8 日
のコロナ分科会提言等も参考に、都道府県下の感染状況について、リス
ク評価を行う。

（4）検査

①　地方衛生研究所や民間の検査機関等の関係機関における検査体制
の一層の強化、地域の関係団体と連携した地域外来・検査センター
の設置等を進めるとともに、新しい検査技術についても医療現場に
迅速に導入する。

②　都道府県等は、集中的実施計画を策定し、感染多数地域の高齢
者施設、保育所、幼稚園、小学校等の従業者等に対する検査の頻回
実施を行う。また、感染が収束傾向にある地域であっても、地域の
実情に応じ、感染者が発生した場合に早期の幅広い検査を実施する。

　　また、感染が拡大している地域においては、高齢者施設等の有症
状の入所者・従事者等に対し、幅広い検査を実施する。

　　多数の感染者やクラスターが発生している地域においては、感染
者が一人も発生していない施設等であっても、医療機関、高齢者施
設等の従事者、入院・入所者全員に対して一斉検査を行う。特に、
クラスターが複数発生している地域では、感染が生じやすく拡大し
やすい場所・集団に対して積極的に検査を行う。

　　緊急事態措置区域や重点措置区域においては、保健所の判断を待
たずに、医師による陽性者の同居家族等への検査を促進する。

③　また、新規薬剤の導入に伴い早期診断がより重要となる観点や、
軽度であっても症状が現れた場合に、早期に陽性者を発見すること

によって感染拡大を防止する観点から、政府は、早期の受診と診療・検査医療機関での抗原定性検査キットを活用した迅速な検査を促すとともに、有症状者が医療機関の受診に代えて抗原定性検査キット等を活用し自ら検査する体制の整備を進める。抗原定性検査キットについては、国が買取保証を行い緊急の増産・輸入要請をすること等により、感染拡大による急激な需要増や経済活動のニーズにも対応可能な量を確保できるようにする。

④　さらに、厚生労働省及び都道府県等は連携して検査体制整備計画を強化し、PCR検査・抗原定量検査能力の引き上げ等を図る。

⑤　また、職場においても、健康観察アプリも活用しつつ、軽症状者に対する抗原定性検査キット等を活用した検査を実施するよう促すとともに、クラスターの発生が懸念される職場等において、地域の実情や必要に応じて積極的疫学調査を実施する。

　　この検査に用いる抗原定性検査キットについては、迅速かつ適切に検査が実施されるよう、検体採取に関する注意点等を理解した職員等の管理下で検査を実施させる。

⑥　さらに、家庭で体調不良を感じる者等が医療機関への受診を迷う場合等に自ら検査を行えるようにするため、政府は、抗原定性検査キットを薬局で入手できるようにしており、加えて、OTC化によりインターネット等でも入手できるようにしている。

⑦　経済社会活動の中で希望により受ける民間検査については、感染症法第16条の2に基づき、民間検査機関に精度管理や提携医療機関の決定等の協力を求めること等により環境整備を進めていく。

⑧　日常生活や経済社会活動における感染リスクを引き下げるためには、ワクチン接種や検査による確認を促進することが有効であり、政府は、都道府県と連携しながら、ワクチン・検査パッケージ制度又は対象者全員検査を推奨する。

⑨　政府は、都道府県と連携しながら、令和4年3月11日のコロナ分科会の中間とりまとめ「地方公共団体や民間事業者等によるワクチン接種

歴や検査結果確認の取組の考え方について」を踏まえ、飲食、イベント、旅行等の活動に際してワクチン接種歴や陰性の検査結果を確認する地方公共団体や民間事業者等による取組を推奨する。

⑩　政府は、必要な場合には、都道府県が、健康上の理由等によりワクチン接種を受けられない者を対象としたワクチン・検査パッケージ又はそれ以外の者も対象とした対象者全員検査等の検査を予約不要、無料とできるよう支援を行う。また、都道府県は、感染が拡大傾向にある場合には、都道府県知事の判断により、法第24条第9項に基づき、感染に不安を感じる無症状者に対して、ワクチン接種者を含めて検査を受けることを要請するものとする。この場合において、都道府県はあらかじめ政府と協議するものとする。政府は、都道府県が当該要請に基づき検査を受検した者については、検査費用を無料とすることができるよう支援を行う。

（５）まん延防止

１）緊急事態措置区域における取組等

　（飲食店等に対する制限等）

①　特定都道府県は、感染リスクが高いと指摘されている飲食の場を避ける観点から、法第45条第2項等に基づき、酒類又はカラオケ設備を提供する飲食店等（飲食業の許可を受けていないカラオケ店及び利用者による酒類の店内持込みを認めている飲食店を含む。酒類及びカラオケ設備の提供（利用者による酒類の店内持込みを含む。）を取り止める場合を除く。）に対して休業要請を行うとともに、上記以外の飲食店（宅配・テイクアウトを除く。）に対して、営業時間の短縮（20時までとする。）の要請を行うものとする。ただし、都道府県知事の判断により、第三者認証制度の適用店舗（以下「認証店」という。）において21時までの営業（酒類提供も可能）もできることとするほか、認証店及び飲食を主として業としていない店舗において、対象者全員検査を実施した場合には、収容率の上限を50％と

しつつ、カラオケ設備を提供できることとする。

その際、命令、過料の手続に関しては、別途通知する手続に沿って行うことに留意しつつ、要請に応じている店舗との公平性を保つことができるよう、命令等の適切な運用を図るものとする。

② 特定都道府県は、法第24条第9項に基づき、飲食店等及び飲食店等の利用者に対し、同一グループの同一テーブルでの5人以上の会食を避けるよう要請するものとし、認証店における対象者全員検査を実施した会食については、同一グループの同一テーブルでの5人以上の会食も可能とする。

③ 以上の要請に当たっては、特定都道府県は、関係機関とも連携し、休業要請、営業時間の短縮や第三者認証制度等の遵守を徹底するための対策・体制の更なる強化を行い、原則として全ての飲食店等に対して見回り・実地の働きかけを行うとともに、当該取組について適切に情報発信を行うものとする。また、特定都道府県は、実効性ある第三者認証制度の普及と認証店の拡大に努めるものとする。

④ 特定都道府県は、法第45条第1項に基づき、路上・公園等における集団での飲酒等、感染リスクが高い行動に対して必要な注意喚起や自粛の要請等を行うとともに、実地の呼びかけ等を強化するものとする。

⑤ 政府は、新型コロナウイルス感染症対応地方創生臨時交付金（以下「地方創生臨時交付金」という。）に設けた「協力要請推進枠」により、営業時間短縮要請等と協力金の支払いを行う都道府県を支援する。都道府県は、協力金支給に係る体制の強化等を図り、支給の迅速化に努めるものとする。

（施設の使用制限等）

特定都道府県は、地域の感染状況等に応じて、都道府県知事の判断により、法第45条第2項等に基づき、人数管理、人数制限、誘導等の「入場者の整理等」、「入場者に対するマスクの着用の周知」、「感染防止措置を実施しない者の入場の禁止」、「会話等の飛沫によ

る感染の防止に効果のある措置（飛沫を遮ることができる板等の設置又は利用者の適切な距離の確保等）」等、新型インフルエンザ等対策特別措置法施行令（平成 25 年政令第 122 号。以下「令」という。）第 12 条に規定する各措置について事業者に対して要請を行うものとする。

　なお、人が密集すること等を防ぐため、「入場者の整理等」を行う場合は、別途通知する取扱いを踏まえ、事業者に要請を行うとともに、事業者に対して、入場整理等の実施状況をホームページ等を通じて広く周知するよう働きかけるものとする。

（イベント等の開催制限）

①　特定都道府県は、当該地域で開催されるイベント等（別途通知する集客施設等を含む。）について、観客の広域的な移動やイベント等の前後の活動等で生じる、イベント等に係る感染拡大リスクを抑制し、また、イベント等における感染防止策等を徹底する観点等から、主催者等に対して、法第 24 条第 9 項に基づき、以下を目安とする規模要件等を設定し、その要件に沿った開催の要請を行うものとする。

・　感染防止安全計画を策定し、都道府県による確認を受けた場合、人数上限 10,000 人かつ収容率の上限を 100％とする。さらに、対象者全員検査を実施した場合には、人数上限を収容定員までとすることを可能とする。

・　それ以外の場合は、人数上限 5,000 人かつ収容率の上限を 50％（大声あり）・100％（大声なし）とする。なお、この場合、都道府県が定める様式に基づく感染防止策等を記載したチェックリストを主催者等が作成・公表することとする。

②　特定都道府県は、イベント等の開催に当たっては、その規模に関わらず、「三つの密」が発生しない席の配置や「人と人との距離の確保」、「マスクの着用」、イベントの開催中や前後における選手、出演者や参加者等に係る主催者等による行動管理等、基

本的な感染防止策が講じられるよう、主催者等に対して強く働きかけるとともに、参加者名簿を作成して連絡先等を把握しておくこと等について、主催者等に周知するものとする。

（外出・移動）

　　特定都道府県は、法第45条第1項に基づき、混雑した場所や感染リスクが高い場所への外出・移動の自粛について協力の要請を行うものとする。特に、感染対策が徹底されていない飲食店等や休業要請又は営業時間短縮の要請に応じていない飲食店等の利用を厳に控えることについて、住民に徹底する。また、不要不急の帰省や旅行等都道府県間の移動は、極力控えるように促す。この場合において、対象者全員検査を受けた者は、その対象としないことを基本とする。

（その他）

①　特定都道府県は、「三つの密」を徹底的に避けるとともに、「人と人との距離の確保」、「マスクの着用」、「手洗い等の手指衛生」等の基本的な感染対策を徹底するとともに、あらゆる機会を捉えて、令和2年4月22日の新型コロナウイルス感染症対策専門家会議（以下「専門家会議」という。）で示された「10のポイント」、同年5月4日の専門家会議で示された「新しい生活様式の実践例」、同年10月23日のコロナ分科会で示された、「感染リスクが高まる「5つの場面」」等を活用して住民に周知を行うものとする。

②　事業者及び関係団体は、今後の持続的な対策を見据え、業種別ガイドライン等を実践するなど、自主的な感染防止のための取組を進める。その際、政府は、専門家の知見を踏まえ、関係団体等に必要な情報提供や助言等を行う。

③　特定都道府県は、緊急事態措置区域における取組として、上記の要請等の取組を行うに当たっては、あらかじめ政府と迅速に情報共有を行う。

2）重点措置区域における取組等

　　重点措置区域である都道府県においては、まん延防止等重点措置が、

地域の感染状況に応じて、期間、区域、業態を絞った措置を機動的に実施できる仕組みであり、発生の動向等を踏まえた集中的な対策により、地域的に感染を抑え込み、都道府県全域への感染拡大、更には全国的かつ急速なまん延を防ぐ趣旨で創設されたものであることを踏まえ、感染リスクが高く感染拡大の主な起点となっている場面に効果的な対策を徹底するものとする。

　また、都道府県知事は、区域を指定するに当たって市町村単位や一定の区画を原則とするなど、期間、区域、業態を定めるに当たっては、効果的な対策となるよう留意する。

（飲食店等に対する制限等）

①　都道府県は、感染リスクが高いと指摘されている飲食の場を避ける観点から、都道府県知事の判断による上記の重点措置を講じるべき区域（以下「措置区域」という。）において、法第 31 条の 6 第 1 項等に基づき、認証店以外の飲食店（宅配・テイクアウトを除く。）に対する営業時間の短縮（20 時までとする。）の要請を行うとともに、酒類の提供を行わないよう要請するものとする。また、認証店に対しては、営業時間の短縮（21 時までとすることを基本とする。）の要請を行うこととする。この場合において、地域の感染状況等を踏まえ、都道府県知事の判断により、酒類の提供を行わないよう要請することも可能とする（また、都道府県知事の判断によっては、営業時間の短縮の要請を行わないことも可能とする。）。

　その際、命令、過料の手続に関しては、別途通知する手続に沿って行うことに留意しつつ、要請に応じている店舗との公平性を保つことができるよう、命令等の適切な運用を図るものとする。

②　都道府県は、措置区域において、法第 24 条第 9 項に基づき、飲食店等及び飲食店等の利用者に対し、同一グループの同一テーブルでの 5 人以上の会食を避けるよう要請するものとし、認証店における対象者全員検査を実施した会食については、同一グループの同一テーブルでの 5 人以上の会食も可能とする（都道府県知事の判断によ

り、ワクチン・検査パッケージ制度を適用し、上記の取扱いを行うことを可能とする。）。

③　上記の各要請に当たっては、都道府県は、関係機関とも連携し、営業時間の短縮や第三者認証制度等の遵守を徹底するための対策・体制の更なる強化を行い、原則として措置区域内の全ての飲食店等に対して見回り・実地の働きかけを行うとともに、当該取組について適切に情報発信を行うものとする。また、都道府県は、実効性ある第三者認証制度の普及と認証店の拡大に努めるものとする。

④　政府は、地方創生臨時交付金に設けた「協力要請推進枠」により、飲食店に対して営業時間短縮要請と協力金の支払いを行う都道府県を支援する。都道府県は、協力金支給に係る体制の強化等を図り、支給の迅速化に努めるものとする。

（施設の使用制限等）

　　都道府県は、地域の感染状況等に応じて、都道府県知事の判断により、法第31条の６第１項等に基づき、「入場をする者の整理等」、「入場をする者に対するマスクの着用の周知」、「感染防止措置を実施しない者の入場の禁止」、「会話等の飛沫による感染の防止に効果のある措置（飛沫を遮ることができる板等の設置又は利用者の適切な距離の確保等）」等、令第５条の５に規定する各措置について事業者に対して要請を行うものとする。なお、人が密集すること等を防ぐため、「入場をする者の整理等」を行う場合は、別途通知する取扱いを踏まえ、事業者に要請を行うものとする。

（イベント等の開催制限）

①　都道府県は、当該地域で開催されるイベント等（別途通知する集客施設等を含む。）について、観客の広域的な移動やイベント等の前後の活動等で生じる感染拡大リスクを抑制するため、イベント等の前後の活動における基本的な感染対策の徹底や直行直帰の呼びかけ等を行うものとする。また、イベント等における感染防止策等を徹底する観点等から、主催者等に対して、法第24条第９項に基づき、

地域の実情に応じ、以下を目安とする規模要件等を設定し、その要件に沿った開催の要請を行うものとする。

- 　感染防止安全計画を策定し、都道府県による確認を受けた場合、人数上限は収容定員までかつ収容率の上限を 100％とすることを基本とする。
- 　それ以外の場合は、人数上限 5,000 人かつ収容率の上限を 50％（大声あり）・100％（大声なし）とする。なお、この場合、都道府県が定める様式に基づく感染防止策等を記載したチェックリストを主催者等が作成・公表することとする。

②　都道府県は、イベント等の開催に当たっては、その規模に関わらず、「三つの密」が発生しない席の配置や「人と人との距離の確保」、「マスクの着用」、イベントの開催中や前後における選手、出演者や参加者等に係る主催者等による行動管理等、基本的な感染防止策が講じられるよう、主催者等に対して強く働きかけるとともに、参加者名簿を作成して連絡先等を把握しておくこと等について、主催者等に周知するものとする。

（外出・移動）

①　都道府県は、措置区域において、法第 31 条の 6 第 2 項に基づき、上記により営業時間の変更を要請した時間以降、飲食店にみだりに出入りしないよう、住民に対して要請等を行うものとする。

②　都道府県は、措置区域において、法第 24 条第 9 項に基づき、混雑した場所や感染リスクが高い場所への外出・移動の自粛及び感染対策が徹底されていない飲食店等の利用を自粛すること等について、住民に対して協力の要請を行うものとする。

　都道府県間の移動については、移動先での感染リスクの高い行動を控えるよう促すものとする。また、都道府県知事の判断により、不要不急の都道府県間の移動、特に緊急事態措置区域との往来は、極力控えるように促すことができることとする。この場合において、対象者全員検査を受けた者は、その対象としないことを基本とする

（都道府県知事の判断により、ワクチン・検査パッケージ制度を適用し、上記の取扱いを行うことを可能とする。）。

（その他）

① 都道府県は、「三つの密」を徹底的に避けるとともに、「人と人との距離の確保」、「マスクの着用」、「手洗い等の手指衛生」等の基本的な感染対策を徹底するとともに、あらゆる機会を捉えて、令和2年4月22日の専門家会議で示された「10のポイント」、5月4日の専門家会議で示された「新しい生活様式の実践例」、10月23日のコロナ分科会で示された、「感染リスクが高まる「5つの場面」」等を活用して住民に周知を行う。

② 都道府県は、重点措置区域における取組として、上記の要請等の取組を行うに当たっては、あらかじめ政府と迅速に情報共有を行う。

3）緊急事態措置区域及び重点措置区域以外の都道府県における取組等

（飲食店等に対する制限等）

① 都道府県は、実効性ある第三者認証制度の普及と認証店の拡大に努めるものとする。

② 都道府県は、感染拡大の傾向がみられる場合（オミクロン株と同程度の感染力・病原性の変異株による感染拡大の場合を除く。）には、法第24条第9項に基づき、飲食店に対する営業時間の短縮の要請を行うものとする。この場合において認証店以外の店舗については20時までとし、認証店については要請を行わないことを基本とする。

③ 都道府県は、感染拡大の傾向がみられる場合には、必要に応じて、法第24条第9項に基づき、飲食店等及び飲食店等の利用者に対し、同一グループの同一テーブルでの5人以上の会食を避けるよう要請するものとし、認証店における対象者全員検査を実施した会食については、同一グループの同一テーブルでの5人以上の会食も可能とする（都道府県知事の判断により、ワクチン・検査パッケージ制度を適用し、上記の取扱いを行うことを可能とする。）。

④　上記の要請に当たっては、都道府県は、営業時間の短縮や第三者認証制度等の遵守を徹底するための見回り・実地の働きかけを進めるものとする。

（施設の使用制限等）

①　都道府県は、これまでにクラスターが発生しているような施設や、「三つの密」のある施設については、地域の感染状況等を踏まえ、施設管理者等に対して必要な協力を依頼するものとする。

②　都道府県は、感染拡大の兆候や施設等におけるクラスターの発生があった場合、政府と連携して、施設の使用制限等を含めて、速やかに施設管理者等に対して必要な協力の要請等を行うものとする。

（イベント等の開催制限）

①　都道府県は、当該地域で開催されるイベント等について、観客の広域的な移動やイベント等の前後の活動等で生じる感染拡大リスクを抑制するため、イベント等の前後の活動における基本的な感染対策の徹底等を行うものとする。また、イベント等における感染防止策等を徹底する観点等から、主催者等に対して、法第24条第9項に基づき、地域の実情に応じ、以下を目安とする規模要件等を設定し、その要件に沿った開催の要請を行うものとする。

・　感染防止安全計画を策定し、都道府県による確認を受けた場合、人数上限は収容定員までかつ収容率の上限を 100％とすることを基本とする。

・　それ以外の場合は、人数上限 5,000 人又は収容定員 50％のいずれか大きい方、かつ収容率の上限を 100％とすることを基本とする。この場合、都道府県が定める様式に基づく感染防止策等を記載したチェックリストを主催者等が作成・公表することとする。

②　都道府県は、イベント等の開催に当たっては、その規模に関わらず、「三つの密」が発生しない席の配置や「人と人との距離の確保」、「マスクの着用」、イベントの開催中や前後における選手、出演者や参加者等

に係る主催者等による行動管理等、基本的な感染防止策が講じられるよう、主催者等に対して強く働きかけるものとする。

③　都道府県は、感染拡大の兆候やイベント等におけるクラスターの発生があった場合、政府と連携して、人数制限の強化等を含めて、速やかに主催者等に対して必要な協力の要請等を行うものとする。

（外出・移動）

①　都道府県は、帰省や旅行等、都道府県をまたぐ移動は、「三つの密」の回避を含め基本的な感染対策を徹底するとともに、移動先での感染リスクの高い行動を控えるよう促すものとする。また、都道府県知事の判断により、緊急事態措置区域及び重点措置区域への不要不急の移動は、極力控えるように促すことができることとする。この場合において、対象者全員検査を受けた者は、その対象としないことを基本とする（都道府県知事の判断により、ワクチン・検査パッケージ制度を適用し、上記の取扱いを行うことを可能とする。）。

②　都道府県は、業種別ガイドライン等を遵守している施設等の利用を促すものとする。

③　都道府県は、感染拡大の兆候や施設等におけるクラスターの発生があった場合、政府と連携して、混雑した場所や感染リスクが高い場所への外出の自粛に関して速やかに住民に対して必要な協力の要請等を行うものとする。

（その他）

①　都道府県は、感染拡大の防止と経済社会活動の維持との両立を持続的に可能としていくため、「新しい生活様式」の経済社会全体への定着を図るものとする。

②　都道府県は、感染の状況等を継続的に監視し、その変化が認められた場合、住民に適切に情報提供を行い、感染拡大への警戒を呼びかけるものとする。

③　都道府県は、感染拡大の傾向がみられる場合には、地域における感染状況や公衆衛生体制・医療提供体制への負荷の状況につい

て十分、把握・分析を行い、地域の実情に応じて、法第24条第9
項に基づく措置等を講じるものとする。

④　都道府県は、緊急事態措置区域及び重点措置区域以外の都道府県
における取組として、上記の要請等を行うに当たっては、あらかじ
め政府と迅速に情報共有を行う。

4）職場への出勤等

（都道府県から事業者への働きかけ）

①　都道府県は、事業者に対して、以下の取組を行うよう働きかけを
行うものとする。

・　職場においては、感染防止のための取組（手洗いや手指消毒、
せきエチケット、職員同士の距離確保、事業場の換気励行、複数
人が触る箇所の消毒、発熱等の症状が見られる従業員の出勤自粛、
軽症状者に対する抗原定性検査キット等を活用した検査、出張に
よる従業員の移動を減らすためのテレビ会議の活用、昼休みの時
差取得、社員寮等の集団生活の場での対策等）や、「三つの密」等
を避ける行動を徹底するよう、実践例も活用しながら促すこと。
特に職場での「居場所の切り替わり」（休憩室、更衣室、喫煙室
等）に注意するよう周知すること。

・　感染防止策の徹底のため、二酸化炭素濃度測定器等の設置を支
援するとともに、ビル管理者等に対して、換気の状況を二酸化炭
素濃度測定器により確認する場合の留意点等を周知すること。

・　さらに、職場や店舗等に関して、業種別ガイドライン等を実践
するよう働きかけること。

・　高齢者や基礎疾患を有する者等重症化リスクの高い労働者、妊
娠している労働者及び同居家族にそうした者がいる労働者につい
ては、本人の申出等を踏まえ、在宅勤務（テレワーク）や時差出
勤等の感染予防のための就業上の配慮を行うこと。

・　職場においても、健康観察アプリも活用しつつ、軽症状者に対
する抗原定性検査キット等を活用した検査を実施するよう促すこ

と。

② 特定都道府県は、事業者に対して、上記①に加え、以下の取組を
　行うよう働きかけを行うものとする。

　　・　職場への出勤について、人の流れを抑制する観点から、出勤者
　　　数の削減の目標を定め、在宅勤務（テレワーク）の活用や休暇取得
　　　の促進等の取組を推進すること。

　　・　職場に出勤する場合でも、時差出勤、自転車通勤等の人との接触
　　　を低減する取組を強力に推進すること。

　　・　職場においては、「感染リスクが高まる「５つの場面」」を避ける
　　　行動を徹底するよう、実践例も活用しながら促すこと。

　　・　別添に例示する国民生活・国民経済の安定確保に不可欠な業務
　　　を行う事業者及びこれらの業務を支援する事業者においては、
　　　「三つの密」を避けるために必要な対策を含め、十分な感染防止
　　　策を講じるとともに、感染者や濃厚接触者が発生し、欠勤者が多
　　　く発生する場合においても、感染防止に配慮しつつ、事業の特性
　　　を踏まえ、必要な業務を継続すること。

③ 重点措置区域である都道府県においては、事業者に対して、上記①
　に加え、以下の取組を行うよう働きかけを行うものとする。

　　・　人の流れを抑制する観点から、在宅勤務（テレワーク）の活用
　　　や休暇取得の促進等により、出勤者数の削減の取組を推進すると
　　　ともに、接触機会の低減に向け、職場に出勤する場合でも時差出
　　　勤、自転車通勤等を強力に推進すること。

　　・　職場においては、「感染リスクが高まる「５つの場面」」を避ける
　　　行動を徹底するよう、実践例も活用しながら促すこと。

　　・　別添に例示する国民生活・国民経済の安定確保に不可欠な業務
　　　を行う事業者及びこれらの業務を支援する事業者においては、
　　　「三つの密」を避けるために必要な対策を含め、十分な感染防止
　　　策を講じるとともに、感染者や濃厚接触者が発生し、欠勤者が多
　　　く発生する場合においても、感染防止に配慮しつつ、事業の特性

を踏まえ、必要な業務を継続すること。

④　緊急事態措置区域及び重点措置区域以外の都道府県においては、事業者に対して、上記①に加え、以下の取組を行うよう働きかけを行うものとする。

・　在宅勤務（テレワーク）、時差出勤、自転車通勤等、人との接触を低減する取組を推進すること。

（政府等の取組）

⑤　政府及び地方公共団体は、在宅勤務（テレワーク）、ローテーション勤務、時差出勤、自転車通勤等、人との接触を低減する取組を自ら進めるとともに、事業者に対して必要な支援等を行う。

⑥　政府は、上記①、②、③及び④に示された感染防止のための取組等を働きかけるため、特に留意すべき事項を提示し、事業場への訪問等事業者と接する機会等を捉え、事業者自らが当該事項の遵守状況を確認するよう促す。また、遵守している事業者に、対策実施を宣言させるなど、感染防止のための取組が勧奨されるよう促す。さらに、経済団体に対し、在宅勤務（テレワーク）の活用等による出勤者数の削減の実施状況を各事業者が自ら積極的に公表し、取組を促進するよう要請するとともに、公表された情報の幅広い周知について、関連する事業者と連携して取り組む。

5）学校等の取扱い

①　文部科学省は、学校設置者及び大学等に対して一律に臨時休業を求めるのではなく、地域の感染状況に応じた感染防止策の徹底を要請する。幼稚園、小学校、中学校、高等学校等については、子供の健やかな学びの保障や心身への影響の観点から、「学校における新型コロナウイルス感染症に関する衛生管理マニュアル」等を踏まえた対応を要請する。健康観察表や健康観察アプリなども活用しながら、教職員及び児童生徒等の健康観察を徹底するよう要請する。また、大学等については、感染防止と面接授業・遠隔授業の効果的実施等による学修機会の確保の両立に向けて適切に対応することを

要請する（緊急事態措置区域においては、大学等の感染対策の徹底とともに、遠隔授業もより一層活用した学修者本位の授業の効果的な実施による学生等の学修機会の確保を図る）。部活動、課外活動、学生寮における感染防止策、懇親会や飲み会等については、学生等への注意喚起の徹底（緊急事態措置区域及び重点措置区域においては、部活動や課外活動における感染リスクの高い活動の制限又は自粛（ただし、対象者全員検査の実施等により、部活動や課外活動における感染リスクの高い活動について可能とする。））を要請する。特に、発熱等の症状がある学生等が登校や活動参加を控えるよう周知徹底を図る。また、教職員や受験生へのワクチン接種が進むよう、大学拠点接種を実施する大学に対し、地域の教育委員会や学校法人が大学拠点接種会場での接種を希望する場合の積極的な協力を依頼するとともに、地方公共団体に対し、大規模接種会場の運営に当たり、教育委員会や私学担当部局がワクチン担当部局と連携し、希望する教職員や受験生へのワクチン接種が進むよう取組を行うなどの配慮を依頼する。大学入試、高校入試等については、実施者において、感染防止策や追検査等による受験機会の確保に万全を期した上で、予定どおり実施する。

② 都道府県は、学校設置者に対し、保健管理等の感染症対策について指導するとともに、地域の感染状況や学校関係者の感染者情報について速やかに情報共有を行うものとする。

③ 厚生労働省は、保育所や放課後児童クラブ等が果たす社会的機能を維持するため、感染防止策の徹底を行いつつ、原則開所することを要請するとともに、感染者の発生等により休園することになった場合について、休園した園の児童を他の園や公民館等で代替保育を行う際の財政支援を行うことにより、市区町村に対し、地域の保育機能を維持することを要請する。

6）その他共通的事項等

① 特定都道府県又は重点措置区域である都道府県は、地域の特性に応じ

た実効性のある緊急事態措置又はまん延防止等重点措置を講じる。特定
都道府県又は重点措置区域である都道府県は、緊急事態措置又はまん延
防止等重点措置を講じるに当たっては、法第5条を踏まえ、必要最小限
の措置とするとともに、講じる措置の内容及び必要性等について、国民
に対し丁寧に説明する。

② 政府及び地方公共団体は、緊急事態措置の実施に当たっては、事業者
の円滑な活動を支援するため、事業者からの相談窓口の設置、物流体制
の確保及びライフライン維持のための万全の体制の確保等に努める。

③ 政府は、関係機関と協力して、公共交通機関その他の多数の人が集ま
る施設における感染対策を徹底する。

④ 政府は、事業者及び関係団体に対して、業種別ガイドライン等の
実践と科学的知見等に基づく進化を促し、オミクロン株の特性等
を踏まえた業種別ガイドラインの改定を行うことを促す。

⑤ 都道府県は、法第 24 条第9項に基づき、事業者に対して、業種別ガ
イドラインを遵守するよう要請を行うものとする。

⑥ 医療機関及び高齢者施設等における施設内感染を防止するため、厚生
労働省と地方公共団体は、関係機関と協力して、次の事項について周知
する。

・ 医療機関及び高齢者施設等において、患者及び利用者からの感染
を防ぐため、感染が流行している地域では、感染拡大防止の観点と、
患者や利用者、家族の QOL（Quality of Life）を考慮して、入院患者、
利用者の外出、外泊についての対応を検討すること。

・ 医療機関及び高齢者施設等における面会については、面会者から
の感染を防ぐことは必要であるが、面会は患者や利用者、家族にと
って重要なものであり、地域における発生状況等も踏まえるととも
に、患者や利用者、面会者等の体調やワクチン接種歴、検査結果等
も考慮し、対面での面会を含めた対応を検討すること。

・ 特別なコミュニケーション支援が必要な障害児者の入院について、
当該障害児者の支援者は、障害児者が医療従事者と意思疎通する上

で極めて重要な役割を担っているため、当該障害児者が新型コロナウイルス感染症に罹患している場合も含めて、院内感染対策に配慮しつつ、可能な限り支援者の付添いを受け入れることについて、対応を検討すること。

⑦ 特定都道府県等は、面会に関する感染防止策の徹底、高齢者施設等や医療機関で感染が発生した場合における保健所による感染管理体制の評価や支援チームの派遣、検査の実施等による感染制御・業務継続支援の徹底を行う。

⑧ 厚生労働省は、高齢者施設等における感染対策等の対応力強化の取組を、専門家派遣による研修や業務継続計画の策定支援等により、引き続き、進める。

（6）水際対策

① 政府は、水際対策について、国内への感染者の流入及び国内での感染拡大を防止する観点から、今後も新たな変異株が発生し得ることを見据え、「水際対策上特に対応すべき変異株」と従来株を含むそれ以外の新型コロナウイルスに分類し、新たな変異株に関する知見、当該国の変異株の流行状況、日本への流入状況等のリスク評価に基づき、必要な対応を行う。なお、厚生労働省は、関係省庁と連携し、健康観察について、保健所の業務負担の軽減や体制強化等を支援する。

② 諸外国での新型コロナウイルス感染症の発生の状況を踏まえて、必要に応じ、国土交通省は、航空機の到着空港の限定の要請、港湾の利用調整や水際・防災対策連絡会議等を活用した対応力の強化等を行うとともに、厚生労働省は、特定検疫港等の指定を検討する。

③ 厚生労働省は、停留に利用する施設が不足する場合には、法第 29 条の適用も念頭に置きつつも、必要に応じ、関係省庁と連携して、停留に利用可能な施設の管理者に対して丁寧な説明を行うことで停留施設の確保に努める。

（7）医療提供体制の強化

 1）病床の確保、臨時の医療施設の整備

　　①　入院を必要とする者が、まずは迅速に病床又は臨時の医療施設等
　　　に受け入れられ、確実に入院につなげる体制を整備する。

　　　　令和3年夏の各都道府県のピーク時においては最大約 2.8 万人の
　　　入院が必要となったが、感染力が2倍となった場合にも対応できる
　　　よう、各都道府県の「保健・医療提供体制確保計画」（令和3年 11
　　　月末策定）において、ワクチン接種の進展等による感染拡大の抑制
　　　効果等も勘案しつつ、令和3年夏と比べて約3割増（約1万人増）
　　　の約 3.7 万人が入院できる体制を構築した。

　　　　あわせて、入院調整中の方や重症化していないものの基礎疾患等
　　　のリスクがある方が安心して療養できるようにするため、臨時の医
　　　療施設・入院待機施設の確保により、令和3年夏と比べて約4倍弱
　　　（約 2.5 千人増）の約 3.4 千人が入所できる体制を構築した。

　　　　引き続き、都道府県の保健・医療体制確保計画に基づく病床の確
　　　保を維持し、感染拡大時には時機に遅れることなく増床を進める。

　　　　また、国・都道府県の協働による臨時の医療施設等の新増設、高
　　　齢者受入れを想定した介護対応力の強化を図る。

　　②　感染ピーク時に、確保した病床が確実に稼働できるよう、都道府
　　　県と医療機関の間において、要請が行われてから確保病床を即応化
　　　するまでの期間や患者を受け入れることができない正当事由等につ
　　　いて明確化した書面を締結するとともに、休床病床の運用の効率化
　　　を図りつつ、病床使用率を勘案した病床確保料に見直しを行うこと
　　　等により、都道府県による病床確保努力を阻害することのないよう
　　　十分配慮した上で、感染ピーク時において確保病床の使用率が8割
　　　以上となることを確保する。

　　③　妊産婦等の特別な配慮が必要な患者を含め、感染拡大時において
　　　も入院が必要な者が確実に入院できる入院調整の仕組みを構築する

とともに、フェーズごとの患者の療養先の振り分けが明確になるスコア方式等を導入するなど、転退院先を含め療養先の決定を迅速・円滑化する。

④ 都道府県は、関係機関の協力を得て、新型コロナウイルス感染症患者専用の病院や病棟を設定する重点医療機関の指定等、地域の医療機関の役割分担を行うとともに、地域の関係団体の協力の下、地域の会議体を活用して医療機能（重症者病床、中等症病床、回復患者の受入れ、宿泊療養、自宅療養）に応じた役割分担を明確化した上で、保健・医療提供体制確保計画に沿って、段階的に病床を確保する。

⑤ 都道府県は、新型コロナウイルス感染症患者を受け入れる医療機関の病床を効率的に活用するため、重点医療機関以外の医療機関の受入れを推進する（早期退院患者や療養解除後の患者の受入先整備）。特に、入院後4日目以降の時点で中等症Ⅱ以上の悪化が認められないオミクロン株の患者について、地域の実情に応じ、医療機関から宿泊療養・自宅療養への療養場所の変更や早期退院患者を受け入れる医療機関への転院について検討することを医療機関に対し推奨する。その際、陰性証明を求めないこととする。療養施設（臨時の医療施設や入院待機施設、宿泊療養施設）等における介護対応力の強化を図るとともに、回復患者の転院先となる後方支援医療機関を確保する取組を強化する。退院基準を満たした患者について、高齢者施設等における受入れを促進する取組を強化する。また、効率的な転院調整が行われるよう、地域の実情に応じた転退院の仕組みを構築する。

⑥ この他、適切な医療提供・感染管理の観点で、厚生労働省と都道府県は、関係機関と協力して、次の事項に取り組む。

・ 病室単位でのゾーニングによる柔軟で効率的な病床の活用を図り、通常医療との両立を推進。

・ 妊産婦に対する感染を防止する観点から、医療機関における動

線分離等の感染防止策を徹底するとともに、妊産婦が感染した場合であっても、安心して出産し、産後の生活が送れるよう、関係機関との協力体制を構築し、適切な支援を実施。また、関係機関と協力して、感染が疑われる妊産婦への早めの相談の呼びかけや、妊娠中の女性労働者に配慮した休みやすい環境整備等の取組を推進。

・　小児医療について、関係学会等の意見を聞きながら、診療体制を検討し、地方公共団体と協力して体制を整備。

・　関係機関と協力して、外国人が医療を適切に受けることができるよう、医療通訳の整備等を引き続き強化。

・　高齢者施設で感染された方のうち、軽症で入院を要しない方々が施設内で安心して療養できるよう、医師・看護師の派遣等による医療提供体制や高齢者施設における療養環境整備への支援を強化。

・　救急搬送について、コロナ疑い患者等の受け入れ促進の支援を強化。

2）自宅・宿泊療養者等への対応

①　軽症であるなどにより、自宅での療養を希望する者は、抗原定性検査キットで自ら検査を行い、陽性の場合、健康フォローアップセンターに連絡し、自宅療養する。高齢者や基礎疾患がある者、子供、妊婦など受診を希望する者は、診療・検査医療機関を受診する。

②　高齢者等重症化リスクの高い者への健康観察について、My HER-SYS 等のシステムでの連絡を含めて、迅速に連絡を行うとともに、適切な健康観察を実施できる体制を確保する。それ以外の者に対しては、体調悪化時等に確実に繋がる健康フォローアップセンター等を設置し、急な体調変化時の連絡体制や適切な医療機関紹介等の体制を確保する。

　また、医療機関等からの発生届は HER-SYS を用いて行うことを基本とし、重症化リスクを把握し適切な健康観察に繋げる。医師が

必要とした場合のオンライン診療・往診、訪問看護の実施等については、都道府県等が医療機関、関係団体等に地域の必要量を示し、委託契約や協定の締結等を推進しつつ、全国で延べ約 3.4 万の医療機関等と連携し、必要な健康観察・診療体制を構築する。

　保健所の体制強化については、感染拡大に対応できるよう、業務の外部委託や都道府県等における業務の一元化、都道府県等の全庁体制を含めた体制を確保する。

③　また、宿泊療養施設について、家庭内感染のリスク等に対応するため、約 6.6 万室を確保する。

④　さらに、高齢者等重症化リスクの高い自宅療養者等に対し、症状の変化に迅速に対応して必要な医療につなげ、また、重症化を未然に防止する観点から、パルスオキシメーターを配付できるようにする。治療薬についても、中和抗体薬・経口薬については、入院に加えて外来・往診まで、様々な場面で投与できる体制を全国で構築する。さらに、経口薬については、かかりつけ医と地域の薬局が連携することで、患者が薬局に来所しなくても手に入れることができるような環境作りを支援する。

⑤　かかりつけ医等の地域で身近な医療機関や受診・相談センターを通じて、診療・検査医療機関を受診することにより、適切な感染管理を行った上で、新型コロナウイルス感染症が疑われる患者への外来医療を提供する。また、都道府県等は、そのホームページにおいて、診療・検査医療機関を公表する仕組みを整え、患者がより円滑に受診ができるよう、未だ公表していない診療・検査医療機関等に対し、公表を促す。さらに、診療・検査医療機関の箇所数の増加に加えて、地域の感染状況に応じた診療時間等の拡大や、かかりつけ以外の患者への対応など地域の実情に応じた取組を行う。

⑥　令和4年秋以降の新型コロナウイルスの感染拡大においては、これまでの感染拡大を大幅に超える感染者数が生じることもあり得るとされており、また、季節性インフルエンザとの同時流行が懸

念されている。このような事態にも対応できるよう、厚生労働省において、「新型コロナウイルスと季節性インフルエンザの同時流行に備えた対応」を決定し、これに基づき、限りある医療資源の中でも高齢者等重症化リスクの高い方に適切な医療を提供するための保健医療体制の強化・重点化を進めていくこととする。具体的には、

・ 各地域の実情に応じて、多数の発熱患者等が生じる場合を想定して、重症化リスク・疾患等に応じた外来受診・療養の流れを示し、これに沿った療養行動を住民に呼びかける

・ これとともに、各地域の実情に応じて、発熱外来や電話診療・オンライン診療の体制強化と治療薬の円滑な供給、健康フォローアップセンターの拡充と自己検査キットの確保、入院治療が必要な患者への対応の強化等の対策を進める

等に取り組む。各都道府県は、地域の実情に応じた外来医療の強化等の体制整備の計画を策定し外来医療体制の整備に取り組む。また、国民への呼びかけにあたっては、厚生労働省の「新型コロナ・インフル同時流行対策タスクフォース」に参加する医療関係団体、アカデミア、経済団体、地方自治体等関係者が一丸となって、時宜にかなった適切なメッセージを発信する。

⑦ 都道府県等は、患者が入院、宿泊療養、自宅療養をする場合に、その家族に要介護者や障害者、子供等がいる場合は、市町村福祉部門の協力を得て、ケアマネジャーや相談支援専門員、児童相談所等と連携し、必要なサービスや支援を行う。

3）保健・医療人材の確保等

① 感染拡大時に臨時の医療施設をはじめとした病床・施設を円滑に稼働させるため、都道府県の保健・医療提供体制確保計画において、医療がひっ迫した際に応援派遣が可能な医療人材は、全国で約2.7千施設から医師約2.1千人、看護師約4.0千人であり、人材確保・配置調整等を一元的に担う体制を構築する。また、東京都においては、

医療機関等からの派遣可能な具体的人員の事前登録制を進めること
としており、こうした取組を横展開する。

② 厚生労働省は、今般の新型コロナウイルス感染症の対応に伴い、
全国の医療機関等の医療人材募集情報を掲載する Web サイト「医療
のお仕事 Key-Net」の運営等を通じて、医療関係団体、ハローワー
ク、ナースセンター等と連携し、医療人材の確保を支援する。

③ 政府は、関係機関と協力して、クラスター対策に当たる専門家の
確保及び育成を行う。

④ 厚生労働省及び都道府県等は、関係機関と協力して、特に、感染
拡大の兆候が見られた場合には、専門家やその他人員を確保し、当
該地域への派遣を行う。

なお、感染拡大が顕著な地域において、保健所における積極的疫
学調査に係る人員体制が不足するなどの問題が生じた場合には、関
係学会・団体等の専門人材派遣の仕組みである IHEAT（Infectious
disease Health Emergency Assistance Team）や、他の都道府県か
らの応援派遣職員等を活用し、人材・体制を確保する。

また、都道府県等が連携し、積極的疫学調査等の専門的業務を十
分に実施できるよう、保健所業務の重点化や人材育成、外部委託、
IHEAT の積極的活用、人材確保・育成の好事例の横展開等により、
保健所の体制を強化し、感染拡大時に即応できる人員体制を平時か
ら整備する。

4）ＩＴを活用した稼働状況の徹底的な「見える化」
医療体制の稼働状況を G-MIS やレセプトデータ等を活用して徹底的
に「見える化」する。

・ 都道府県内の医療機関や都道府県調整本部、保健所、消防機関等
との間で、病床の確保・使用状況を日々共有できる体制を構築する
とともに、個々の医療機関における G-MIS への病床の使用状況等
の入力を徹底すること（補助金の執行要件化）により、令和３年
12 月から医療機関別の病床の確保・使用率を毎月公表。

- 令和3年 12 月から毎月、レセプトデータを用いてオンライン診療・往診等自宅療養者に対する診療実績を集計し、地域別（郡・市・区別）に公表。
- 政府が買い上げて医療機関に提供する中和抗体薬等新型コロナウイルス感染症の治療薬の投与者数について、都道府県別に毎月公表。

5）更なる感染拡大時への対応

① 令和3年夏の感染拡大時においては、地域によって、人口の密集度、住民の生活行動等によって感染状況の推移は異なり、また、病床や医療人材等の医療資源にも差があることから、医療提供体制のひっ迫状況は、地域によって様々であった。その中で、病床がひっ迫した地域においては、緊急事態宣言の下で、個々の医療機関の判断で新型コロナウイルス感染症対応のために新型コロナウイルス感染症以外の通常医療の制限が行われていたが、今後、地域によって、仮に感染力が2倍を超える水準になり、医療のひっ迫が見込まれる場合には、国民に対し、更なる行動制限を求め、感染拡大の防止を図る。あわせて、政府の責任において、感染者の重症化予防等のため地域の医療機関に協力を要請するとともに、更なる新型コロナウイルス感染症以外の通常医療の制限の下、緊急的な病床等を確保するための追加的な措置を講じる。

② 具体的には、医療の確保に向けて、政府の責任において、入院対象者の範囲を明確にするとともに、法で与えられた権限に基づき、政府及び都道府県知事が、

- 自宅療養者等の健康管理・重症化予防を図るため、地域の医療機関に対し、健康観察・診療等について最大限の協力を要請するとともに、
- 新型コロナウイルス感染症患者の入院受入病院に対し、短期間の延期ならリスクが低いと判断される予定手術・待機手術の延期等の実施を求めるほか、
- 国立病院機構、地域医療機能推進機構をはじめとする公立公的

病院に対し、追加的な病床の確保、臨時の医療施設への医療人材の派遣等の要求・要請を行うとともに、民間医療機関に対しても要請を行うこととする。

③　さらに、感染力が２倍を大きく超え、例えば３倍となり、更なる医療のひっ迫が見込まれる場合には、大都市のように感染拡大のリスクが高く、病床や医療人材が人口比で見て少ない地域等では、新型コロナウイルス感染症以外の通常医療の制限措置の実施の徹底や地域内での追加的な病床の確保、医療人材の派遣等の措置を図ったとしても、増加する重症患者等への医療の提供が困難となる事態が生じる可能性がある。こうした事態の発生が見込まれる場合には、当該地域以外に所在する医療機関に対し、必要に応じ新型コロナウイルス感染症以外の通常医療の制限措置を行い、当該地域の臨時の医療施設に医療人材の派遣等を行うよう、法で与えられた権限に基づき、政府が要求・要請を行い、医療の確保を図る。

④　同時に、新型コロナウイルス感染症以外の通常医療の制限措置等は、一時的とはいえ、国民に対し大きな不安を与えるほか、医療現場にも大きな負荷を伴うことから、こうした措置が速やかに解除されるよう、感染者数の増加に歯止めをかけ、減少させるため、国民に対し、更なる行動制限を求めるなどの実効性の高い強力な感染拡大防止措置を併せて講じる。

⑤　①及び④の行動制限については、具体的には、人との接触機会を可能な限り減らすため、例えば、飲食店の休業、施設の使用停止、イベントの中止、公共交通機関のダイヤの大幅見直し、職場の出勤者数の大幅削減、日中を含めた外出自粛の徹底等、状況に応じて、機動的に強い行動制限を伴う要請を行う。

⑥　もちろん、こうした厳しい事態に陥らないよう、ワクチン、検査、治療薬等の普及による予防、発見から早期治療までの流れを更に強化するとともに、国民の理解と協力の下、機動的に効果的な行動制限を行うことにより、急激な感染拡大の抑制を図っていくことを基

本として対応する。

　　また、重症化予防効果の高い経口薬等の利用が可能となれば、仮
に感染力が高まっても入院を必要とする者の減少が見込まれ、医療
現場への負荷も軽減されることが期待される。

（8）治療薬の実用化と確保
　1）治療薬の実用化に向けた取組
　　　新型コロナウイルス感染症の治療薬については、国産経口薬を含め、
開発費用として1薬剤当たり最大約20億円を支援している。また、経
口薬については、令和3年12月24日には「モルヌピラビル」が特例
承認された。さらに、令和4年2月10日には経口薬「ニルマトレルビ
ル／リトナビル」が特例承認され、それぞれ医療現場に供給されてい
る。さらに、開発中の治療薬の実用化をさらに加速化するため、既に
補助対象として採択されている2社に対して最大約115億円の緊急追
加支援を行った。加えて、経口薬「エンシトレルビル」が、同年11月
22日に緊急承認され、医療現場に供給されている。
　2）治療薬の確保に向けた取組
　　①　治療薬の作用する仕組みや開発ステージは様々であることや、軽
　　　症から中等症の重症化リスク因子を有する者が確実に治療を受けら
　　　れるようにするため、複数の治療薬（中和抗体、経口薬等）を確保
　　　する。
　　②　特に、経口薬については、国民の治療へのアクセスを向上すると
　　　ともに、重症化を予防することにより、国民が安心して暮らせるよ
　　　うになるための切り札である。
　　　　世界的な獲得競争が行われる中で、供給量については、「モルヌ
　　　ピラビル」を合計約160万人分、「ニルマトレルビル／リトナビル」
　　　を合計200万人分確保し、全て納入された。
　　③　上記のように治療薬（中和抗体薬、経口薬）の納入の前倒しに取
　　　り組み、オミクロン株の感染拡大に対応してきたが、治療薬を必要

とする方に行き渡るよう、更なる治療薬の確保・納入と円滑な供給に向けて取り組む。

④　中和抗体薬・経口薬については、入院に加えて外来・往診まで、様々な場面で投与できる体制を全国で構築してきた。さらに、経口薬については、かかりつけ医と地域の薬局が連携することで、患者が薬局に来所しなくても手に入れることができるような環境作りを引き続き支援する。

　　なお、主に重症者向けの抗ウイルス薬である「レムデシビル」については、令和3年8月12日に薬価収載され、既に市場に流通し、使用されており、軽症者に対する使用方法等についても「新型コロナウイルス感染症（COVID-19）診療の手引き」に盛り込まれている。また、「モルヌピラビル」も令和4年9月16日から一般流通が開始されている。

⑤　「エンシトレルビル」については、200万人分を確保し、その全てが納入されている。重症化リスク因子のない軽症から中等症の患者に幅広く投与が可能であるが、併用禁忌の薬剤があることや妊婦等には投与ができないことから、こうした点を注意しつつ円滑に投与できる体制を構築していく。

（9）経済・雇用対策

　「物価高克服・経済再生実現のための総合経済対策」（令和4年10月28日閣議決定）及びそれを具体化する令和4年度第2次補正予算について、進捗管理を徹底し、迅速かつ着実に実行すること等により、新型コロナウイルス対応に万全を期すとともに、足下の物価高などの難局を乗り越え、日本経済を本格的な経済回復、そして新たな経済成長の軌道に乗せていく。

（10）その他重要な留意事項
1）偏見・差別等への対応、社会課題への対応等

① 政府及び地方公共団体は、新型コロナウイルス感染症へのり患は
誰にでも生じ得るものであり、感染者やその家族、勤務先等に対す
る差別的な取扱いや誹謗中傷、名誉・信用を毀損する行為等は、人
権侵害に当たり得るのみならず、体調不良時の受診遅れや検査回避、
保健所の積極的疫学調査への協力拒否等につながり、結果として感
染防止策に支障を生じさせかねないことから、コロナ分科会の偏
見・差別とプライバシーに関するワーキンググループが行った議論
のとりまとめ（令和2年11月6日）や法第13条第2項の規定を踏
まえ、感染者等の人権が尊重され、何人も差別的な取扱い等を受け
ることのないよう取組を実施する。

② 政府は、新型コロナウイルス感染症対策に従事する医療関係者が
偏見・差別等による風評被害等を受けないよう、国民への普及啓発
等必要な取組を実施する。

③ 政府は、ワクチンを接種していない者及び接種できない者が不当
な偏見・差別等を受けないよう、国民への普及啓発等必要な取組を
実施する。

④ 政府は、海外から一時帰国した児童生徒等への学校の受入れ支援
やいじめ防止等の必要な取組を実施する。

⑤ 政府及び関係機関は、各種対策を実施する場合において、国民の
自由と権利の制限を必要最小限のものとする。特に、罰則が設けら
れている措置については、患者や関係者の人権に十分に配慮し、ま
ずは当該措置の趣旨や必要性を患者等に丁寧に説明し、理解・協力
を得られるようにすることを基本とするとともに、罰則の適用は、
慎重に行うものとする。また、女性の生活や雇用への影響は引き続
き大きいことに留意し、女性や子供、障害者等に与える影響を十分
配慮するとともに、必要な支援を適時適切に実施する。

⑥ 政府は、地方公共団体と連携し、外出自粛による心身機能の低下
や地域のつながりの希薄化の回復に向けて、高齢者等がフレイル状
態等にならないよう、コミュニティにおける支援を含め、健康維

持・介護サービスの確保を行う。

⑦　政府及び地方公共団体は、新型コロナウイルス感染症により亡くなられた方に対して尊厳をもってお別れ、火葬等が行われるよう、適切な方法について、周知を行う。

⑧　政府は、ワクチン接種に便乗した詐欺被害等の防止のため注意喚起や相談体制を強化する。

2）関係機関との連携の推進

①　政府は、地方公共団体を含む関係機関等との双方向の情報共有を強化し、対策の方針の迅速な伝達と、対策の現場における状況の把握を行う。

②　政府は、対策の推進に当たっては、地方公共団体、経済団体等の関係者の意見を十分聴きながら進める。

③　地方公共団体は、保健部局のみならず、危機管理部局も含め全ての部局が協力して対策に当たる。

④　政府は、国際的な連携を密にし、世界保健機関（World Health Organization：WHO）や諸外国・地域の対応状況等に関する情報収集に努める。また、日本で得られた知見を積極的に WHO 等の関係機関や諸外国・地域と共有し、今後の対策に活かすとともに、新型コロナウイルス感染症の拡大による影響を受ける国・地域に対する国際社会全体としての対策に貢献する。

⑤　政府は、基礎医学研究及び臨床医学研究、疫学研究を含む社会医学研究等の研究体制に対する支援を通して、新型コロナウイルス感染症への対策の推進を図る。

⑥　都道府県等は、近隣の都道府県等が感染拡大防止に向けた様々な措置や取組を行うに当たり、相互に連携するとともに、その要請に応じ、必要な支援を行う。

⑦　特定都道府県又は重点措置区域である都道府県等は、緊急事態措置又はまん延防止等重点措置等を実施するに当たっては、あらかじめ政府と協議し、迅速な情報共有を行う。政府対策本部長は、特定

都道府県又は重点措置区域である都道府県等が、適切に緊急事態措置又はまん延防止等重点措置を講じることができるよう、専門家の意見を踏まえつつ、総合調整を行うとともに、特に必要があると認めるときは、都道府県知事に対して、必要な指示を行うものとする。
⑧　緊急事態宣言の期間中に様々な措置を実施した際には、特定都道府県知事及び指定行政機関の長は政府対策本部長に、特定市町村長及び指定地方公共機関の長はその所在する特定都道府県知事に、指定公共機関の長は所管の指定行政機関に、その旨及びその理由を報告する。政府対策本部長は国会に、特定都道府県知事及び指定行政機関の長は政府対策本部長に、報告を受けた事項を報告する。

3）社会機能の維持
①　政府、地方公共団体、指定公共機関及び指定地方公共機関は、職員における感染を防ぐよう万全を尽くすとともに、万が一職員において感染者又は濃厚接触者が確認された場合にも、職務が遅滞なく行えるように対策をあらかじめ講じる。特に、テレビ会議及び在宅勤務（テレワーク）の積極的な実施に努める。
②　地方公共団体、指定公共機関及び指定地方公共機関は、電気、ガス、水道、公共交通、通信、金融業等の維持を通して、国民生活及び国民経済への影響が最小となるよう公益的事業を継続する。
③　政府は、指定公共機関の公益的事業の継続に支障が生じることがないよう、必要な支援を行う。
④　国民生活・国民経済の安定確保に不可欠な業務を行う事業者は、国民生活及び国民経済安定のため、業務継続計画の点検を行い、事業の継続を図る。
⑤　国民生活・国民経済の安定確保に不可欠な業務を行う事業者についても、テレビ会議及び在宅勤務（テレワーク）の積極的な実施に努める。
⑥　政府は、事業者のサービス提供水準に係る状況の把握に努め、必要に応じ、国民への周知を図る。
⑦　政府は、空港、港湾、医療機関等におけるトラブル等を防止するた

め、必要に応じ、警戒警備を実施する。

⑧　警察は、混乱に乗じた各種犯罪を抑止するとともに、取締りを徹
　　底する。

（別添）事業の継続が求められる事業者

　以下、事業者等については、「三つの密」を避けるための取組を講じていただきつつ、事業の継続を求める。

１．医療体制の維持
・新型コロナウイルス感染症の治療はもちろん、その他の重要疾患への対応もあるため、全ての医療関係者の事業継続を要請する。
・医療関係者には、病院・薬局等のほか、医薬品・医療機器の輸入・製造・販売、献血を実施する採血業、入院者への食事提供等、患者の治療に必要な全ての物資・サービスに関わる製造業、サービス業を含む。

２．支援が必要な方々の保護の継続
・高齢者、障害者等特に支援が必要な方々の居住や支援に関する全ての関係者（生活支援関係事業者）の事業継続を要請する。
・生活支援関係事業者には、介護老人福祉施設、障害者支援施設等の運営関係者のほか、施設入所者への食事提供など、高齢者、障害者等が生活する上で必要な物資・サービスに関わる全ての製造業、サービス業を含む。

３．国民の安定的な生活の確保
・自宅等で過ごす国民が、必要最低限の生活を送るために不可欠なサービスを提供する関係事業者の事業継続を要請する。
① インフラ運営関係（電力、ガス、石油・石油化学・ＬＰガス、上下水道、通信・データセンター等）
② 飲食料品供給関係（農業・林業・漁業、飲食料品の輸入・製造・加工・流通・ネット通販等）
③ 生活必需物資供給関係（家庭用品の輸入・製造・加工・流通・ネット通販等）
④ 宅配・テイクアウト、生活必需物資の小売関係（百貨店・スーパー、コンビニ、ドラッグストア、ホームセンター等）
⑤ 家庭用品のメンテナンス関係（配管工・電気技師等）
⑥ 生活必需サービス（ホテル・宿泊、銭湯、理美容、ランドリー、獣医等）
⑦ ごみ処理関係（廃棄物収集・運搬、処分等）
⑧ 冠婚葬祭業関係（火葬の実施や遺体の死後処置に係る事業者等）
⑨ メディア（テレビ、ラジオ、新聞、ネット関係者等）
⑩ 個人向けサービス（ネット配信、遠隔教育、ネット環境維持に係る設備・サービス、自家用車等の整備等）

4．社会の安定の維持
・社会の安定の維持の観点から、企業の活動を維持するために不可欠なサービスを提供する関係事業者の最低限の事業継続を要請する。

① 金融サービス（銀行、信金・信組、証券、保険、クレジットカードその他決済サービス等）
② 物流・運送サービス（鉄道、バス・タクシー・トラック、海運・港湾管理、航空・空港管理、郵便、倉庫等）
③ 国防に必要な製造業・サービス業の維持（航空機、潜水艦等）
④ 企業活動・治安の維持に必要なサービス（ビルメンテナンス、セキュリティ関係等）
⑤ 安全安心に必要な社会基盤（河川や道路等の公物管理、公共工事、廃棄物処理、個別法に基づく危険物管理等）
⑥ 行政サービス等（警察、消防、その他行政サービス）
⑦ 育児サービス（保育所等の児童福祉施設、放課後児童クラブ等）

5．その他
・医療、製造業のうち、設備の特性上、生産停止が困難なもの（高炉や半導体工場等）、医療・支援が必要な人の保護・社会基盤の維持等に不可欠なもの（サプライチェーン上の重要物を含む。）を製造しているものについては、感染防止に配慮しつつ、継続する。また、医療、国民生活・国民経済維持の業務を支援する事業者等にも、事業継続を要請する。
・学校等については、児童生徒等や学生の学びの継続の観点等から、「学校における新型コロナウイルス感染症に関する衛生管理マニュアル」等を踏まえ、事業継続を要請する。

新型コロナウイルス感染症対策の基本的対処方針変更（令和5年2月10日）（新旧対照表）

（主な変更点）

（下線部分は改定箇所）

変　　更	現　　行
新型コロナウイルス感染症対策の基本的対処方針	新型コロナウイルス感染症対策の基本的対処方針
令和3年11月19日（令和5年2月10日変更）	令和3年11月19日（令和5年1月27日変更）
新型コロナウイルス感染症対策本部決定	新型コロナウイルス感染症対策本部決定
目次　（略）	目次　（略）
序文　（略）	序文　（略）
一　新型コロナウイルス感染症発生の状況に関する事実	一　新型コロナウイルス感染症発生の状況に関する事実
（1）新型コロナウイルス感染症の特徴	（1）新型コロナウイルス感染症の特徴
（略）	（略）
なお、我が国においては、令和2年1月15日に最初の感染者が確認された後、令和5年2月9日までに、合計32,879,625人の感染者、70,185人の死亡者が確認されてい	なお、我が国においては、令和2年1月15日に最初の感染者が確認された後、令和5年1月26日までに、合計32,310,939人の感染者、66,707人の死亡者が確認されてい

72

る。	る。
（2）感染拡大防止のこれまでの取組（略）	（2）感染拡大防止のこれまでの取組（略）
（3）ワクチン接種の進展とこれに伴う患者像の変化（略）	（3）ワクチン接種の進展とこれに伴う患者像の変化（略）
（4）医療提供体制の強化（略）	（4）医療提供体制の強化（略）
（5）令和3年9月の感染収束（略）	（5）令和3年9月の感染収束（略）
（6）オミクロン株の発生と感染拡大（略）	（6）オミクロン株の発生と感染拡大（略）
（7）オミクロン株の特性を踏まえた感染症法上の取扱いの見直し（略）	（7）オミクロン株の特性を踏まえた感染症法上の取扱いの見直し（略）
（8）新型コロナウイルス感染症の感染症法上の位置づけの変更 「新型コロナウイルス感染症の感染症法上の位置づけの変更等に関する対応方針について」（令和5年1月27日新型コロナウイルス感染症対策本部決定）を決定し、オミクロン	（新設）

株とは大きく病原性が異なる変異株が出現するなどの特段の事情が生じない限り、同年５月８日から新型コロナウイルス感染症（COVID-19）について、感染症法上の新型インフルエンザ等感染症に該当しないものとし、５類感染症に位置づけることとした。

二 新型コロナウイルス感染症の対処に関する全般的な方針

（略）

（１）医療提供体制の強化（略）

（２）ワクチン接種の促進（略）

（３）治療薬の確保（略）

（４）感染防止策

（略）

基本的な感染対策とは、「三つの密」（①密閉空間（換気の悪い密閉空間である）、②密集場所（多くの人が密集している）、③密接場面（互いに手を伸ばしたら手が届く距離で

二 新型コロナウイルス感染症の対処に関する全般的な方針

（略）

（１）医療提供体制の強化（略）

（２）ワクチン接種の促進（略）

（３）治療薬の確保（略）

（４）感染防止策

（略）

基本的な感染対策とは、「三つの密」（①密閉空間（換気の悪い密閉空間である）、②密集場所（多くの人が密集している）、③密接場面（互いに手を伸ばしたら手が届く距離で

の会話や発声が行われる）という３つの条件をいう。以下同じ。）の回避、「人と人との距離の確保」、「マスクの着用」、「手洗い等の手指衛生」、「換気」等をいう。

（新設）「マスクの着用」（新設）については、屋内において、他者と距離がとれる（2ｍ以上を目安）がとれない場合、他者と距離がとれるが会話を行う場合、屋外において他者と距離がとれず会話を行う場合は、マスクの着用を推奨する。また、高齢者等との面会時や病院内など、重症化リスクの高い者と接する場合にはマスクの着用を推奨する。マスクは不織布マスクを推奨する。なお、屋内において他者と身体的距離がとれて会話をほとんど行わない場合は、マスク着用は必要ない。屋外において、他者と身体的距離が確保できる場合、他者と距離がとれない場合であっても会話をほとんど行わない場合、マスクの着用は必要なく、特に夏場については、熱中症予防の観点から、マスクを外すことを推奨する。また、乳幼児（小学校に上がる前の年齢のマスクの着用には注意が必要であり、特に2歳未満では着用は推奨されない。2歳以上の就学前の子供について、個々の発達の状況や体調等を踏まえる必要があることから、マスク着用を一律

の会話や発声が行われる）という３つの条件をいう。以下同じ。）の回避、「人と人との距離の確保」、「マスクの着用」、「手洗い等の手指衛生」、「換気」等をいう。

　このうち、「マスクの着用」の考え方については、個人の主体的な選択を尊重し、着用は個人の判断に委ねることを基本とし、政府は各個人のマスクの着用の判断に資するよう、令和5年2月10日新型インフルエンザ等対策推進会議基本的対処方針分科会（以下「基本的対処方針分科会」という。）で示された「マスク着用の有効性に関する科学的知見」等を踏まえ、感染防止対策としてマスク（不織布マスクを推奨）の着用が効果的である場面などを示すこととする。

① 高齢者等重症化リスクの高い者への感染を防ぐため、マスクの着用が効果的な下記の場面では、マスクの着用を推奨する。

・ 医療機関受診時
・ 高齢者等重症化リスクが高い方が多く入院・生活する医療機関や高齢者施設等への訪問時
・ 通勤ラッシュ時等混雑した電車やバス（概ね全員の着用が可能であるもの（新幹線、通勤ライナー、高速バス、貸切バス等）を除く。）に乗車する時（当面の取

には推奨しない。なお、本人の体調がすぐれず持続的なマスクの着用が難しい場合は、無理に着用する場合はなく、マスクを着用する場合は、保護者や周りの大人が子供の体調に十分注意した上で着用すること。

扱）

② 新型コロナウイルス感染症の流行期に重症化リスクの高い方が混雑した場所に行く時は、感染から自身を守るための対策としてマスクの着用が効果的であることを周知していく。

③ 症状がある方、新型コロナ検査陽性の方、同居家族に陽性者がいる方は、周囲の方に感染を広げないため、外出を控える。通院等やむを得ず外出をする時には、人混みは避け、マスクを着用する。

④ 高齢者等重症化リスクが高い方が多く入院・生活する医療機関や高齢者施設等の従事者については、勤務中のマスクの着用を推奨する。

マスクの着用は個人の判断に委ねられるものであるが、事業者が感染対策上又は事業上の理由等により、利用者又は従業員にマスクの着用を求めることは許容される。

この「マスクの着用」の考え方は、円滑な移行を図る観点から、国民への周知期間や各業界団体及び事業者の準備期間等も考慮し、同年3月13日から適用することとする。各業界団体においては、上記及び下記の方針に沿って業種別ガイドラインの見直しを行い、現場や利用者へ周知する。同日ま

76

この間はこれまでの考え方に沿った対応をお願いする。

なお、「マスクの着用」の考え方の適用に当たっては、以下の点に留意する。

・マスクを着用するかどうかは、個人の判断に委ねることを基本とし、本人の意思に反してマスクの着脱を強いることがないよう、個人の主体的な判断が尊重されるよう周知していく。

・子供については、すこやかな発育・発達の妨げとならないよう配慮することが重要であり、保育所等に対してもマスク着用の考え方を周知する。

・感染が大きく拡大している場合には、一時的に場面に応じた適切なマスクの着用を広く呼びかけるなど、より強い感染対策を求めることがあり得る。そのような場合においても、子供のマスクの着用については、健康面等への影響も懸念されており、引き続き、保護者や周りの大人が個々の子供の体調に十分注意する必要がある。

「マスクの着用」の考え方の適用後であっても、基本的な感染対策は重要であり、政府は、引き続き、「三つの密」の回避、「人と人との距離の確保」、「手洗い等の手指衛生」、「換

気」等の励行について呼びかけることとする。

また、新型コロナウイルス感染症の感染症法上の位置づけが変更された以降は、本方針及び業種別ガイドラインは廃止となり、個人及び事業者は自主的な感染対策に取り組むこととなる。政府は、感染症法上の位置づけ変更後も、自主的な感染対策について必要となる情報提供を行うなど、個人及び事業者の取組みを支援していくこととする。

（略）

1）緊急事態宣言の発出及び解除

（緊急事態宣言発出の考え方）

国内での感染拡大及び医療提供体制・公衆衛生体制のひっ迫の状況（特に、令和3年11月8日の新型インフルエンザ等対策推進会議新型コロナウイルス感染症対策分科会（以下「コロナ分科会」という。）提言におけるレベル（以下「旧レベル」という。）3相当の対策が必要な地域の状況等）を踏まえて、全国的かつ急速なまん延及び国民生活及び国民経済に甚大な影響を及ぼすおそれがあるか否かについて、政府対策本部長が（削除）基本的対処方針分科会（以下「基本的対処方針分科会」という。）の意見を十分踏まえた上で、総合的に判断する。なお、緊急事態措置区域を定めるに当たっては、都道府県間の社会経済的な

気」等の励行について呼びかけることとする。

また、新型コロナウイルス感染症の感染症法上の位置づけが変更された以降は、本方針及び業種別ガイドラインは廃止となり、個人及び事業者は自主的な感染対策に取り組むこととなる。政府は、感染症法上の位置づけ変更後も、自主的な感染対策について必要となる情報提供を行うなど、個人及び事業者の取組みを支援していくこととする。

（略）

1）緊急事態宣言の発出及び解除

（緊急事態宣言発出の考え方）

国内での感染拡大及び医療提供体制・公衆衛生体制のひっ迫の状況（特に、令和3年11月8日の新型インフルエンザ等対策推進会議新型コロナウイルス感染症対策分科会（以下「コロナ分科会」という。）提言におけるレベル（以下「旧レベル」という。）3相当の対策が必要な地域の状況等）を踏まえて、全国的かつ急速なまん延により国民生活及び国民経済に甚大な影響を及ぼすおそれがあるか否かについて、政府対策本部長が「基本的対処方針分科会」（以下「基本的対処方針分科会」という。）の意見を十分踏まえた上で、総合的に判断する。

なお、緊急事態措置区域を定めるに当たっては、都道府県間の社会経済的なつながり等を考慮する等考慮する。

（略）

2）まん延防止等重点措置の実施及び終了（略）

（略）

（5）オミクロン株の特徴を踏まえた感染防止策

（略）

1）国民への周知等（略）

2）医療機関・高齢者施設等、学校・保育所等における感染対策

① 医療機関・高齢者施設等（略）

② 学校・保育所等

（略）

（学校における取組）

・「学校における新型コロナウイルス感染症に関する衛生管理マニュアル」等を踏まえた対応を基本としつつ、身体的距離が十分に確保できないときは、児童生徒にマスクの着用を指導する。その上で、地域の実情に応じつつ、十分な身体的距離が確保できる場合や体育の授業ではマスクの着用は必要ないに

つながり等を考慮する。

（略）

2）まん延防止等重点措置の実施及び終了（略）

（略）

（5）オミクロン株の特徴を踏まえた感染防止策

（略）

1）国民への周知等（略）

2）医療機関・高齢者施設等、学校・保育所等における感染対策

① 医療機関・高齢者施設等（略）

② 学校・保育所等

（略）

（学校における取組）

・「学校における新型コロナウイルス感染症に関する衛生管理マニュアル」等を踏まえた対応を基本としつつ、学校教育活動の実施に当たっては、マスクの着用を求めないことを基本とする。次に掲げる事項に留意する。①基礎疾患等の様々な事情により、感染不安を抱き、引き続きマスクの着用を希望する児童生徒

と、気温・湿度や暑さ指数が高い夏場においては熱中症対策を優先し、マスクを外すこと等を指導する。加えて、運動部活動でのマスクの着用については、体育の授業における取扱いに準じつつ、接触を伴うものをはじめ活動の実施に当たっては、各競技団体が作成するガイドライン等も踏まえて対応するとともに、活動の実施中以外の練習場所や更衣室等の共用エリアの利用、部活動前後の集団での飲食の場面や移動に当たっては、マスクの着用を含めた感染対策を徹底する。

（新設）

（略）

（保育所・認定こども園等における取組）

・「保育所における感染症対策ガイドライン」等を踏まえた対応を基本としつつ、感染リスクが高い活

に対して適切に配慮するとともに、換気の確保等の必要な対策を講じること。②地域や学校における新型コロナウイルス感染症や季節性インフルエンザの感染状況等に応じて、学校・教員が児童生徒に対して着用を促すことも考えられるが、そのような場合も含め、児童生徒や保護者等の主体的な判断が尊重されるよう、着脱を強いることがないようにすること。以上のマスクに関する取扱いについては、令和5年4月1日より適用するものとする。

・上記の適用時期にかかわらず、同日より前に実施される卒業式におけるマスクの着用については、卒業式の教育的意義を考慮し、児童生徒等はマスクを着用せず出席することを基本とし、その際の留意事項を示すこととする。

（略）

（保育所・認定こども園等における取組）

・「保育所における感染症対策ガイドライン」等を踏まえた対応を基本としつつ、感染リスクが高い活

動を避けるとともに、児童をできるだけ少人数のグループに分割するなど、感染を広げない形での保育の実践を行う。

・2歳未満児のマスク着用は奨めない。

2歳以上児についても、個々の発達の状況や体調等を踏まえる必要があることから、他者との身体的距離にかかわらず、マスク着用を一律には求めない。

なお、施設内に感染者が生じている場合などにおいて、可能な範囲で、マスクの着用を求めることは考えられる。

・マスクを着用する場合には、息苦しくないか、嘔吐していないかなどの子供の体調変化に十分注意するほか、本人の調子が悪い場合などは無理して着用させずに外せること。さらに、児童や保護者の意図に反してマスクの着用を実質的に無理強いすることにならないよう、現場に対して留意点を丁寧に周知し、

動を避けるとともに、児童をできるだけ少人数のグループに分割するなど、感染を広げない形での保育の実践を行う。

・2歳未満児のマスク着用は奨めない。

2歳以上児についても、マスクの着用は求めない。感染不安を抱く等の様々な事情により、感染不安を抱き、引き続きマスクの着用を希望する子供や保護者に対して適切に配慮するとともに、換気の確保等の必要な対策を講じることとする。以上のマスクに関する取扱いについては、令和5年3月13日より適用するものとする。

（削除）

<u>適切な運用につなげる。</u>

（略）

3）保健医療への負荷が高まった場合の対応（略）

三 新型コロナウイルス感染症対策の実施に関する重要事項

（略）

（1）情報提供・共有（略）

（2）ワクチン接種（略）

（3）サーベイランス・情報収集（略）

（4）検査（略）

（5）まん延防止（略）

（6）水際対策（略）

（7）医療提供体制の強化（略）

（略）

3）保健医療への負荷が高まった場合の対応（略）

三 新型コロナウイルス感染症対策の実施に関する重要事項

（略）

（1）情報提供・共有（略）

（2）ワクチン接種（略）

（3）サーベイランス・情報収集（略）

（4）検査（略）

（5）まん延防止（略）

（6）水際対策（略）

（7）医療提供体制の強化（略）

82

（8）治療薬の実用化と確保（略）

（9）経済・雇用対策（略）

（10）その他重要な留意事項（略）

（別添）事業の継続が求められる事業者（略）

（8）治療薬の実用化と確保（略）

（9）経済・雇用対策（略）

（10）その他重要な留意事項（略）

（別添）事業の継続が求められる事業者（略）

マスク着用の考え方の見直し等について

令和5年2月10日
新型コロナウイルス感染症対策本部決定

1．マスク着用の考え方の見直しについて

（1）見直しの概要

➤ 新型コロナウイルス感染症対策におけるマスクについては、屋内では基本的にマスクの着用を推奨するとしている現在の取扱いを改め、行政が一律にルールとして求めるのではなく、個人の主体的な選択を尊重し、着用は個人の判断に委ねることを基本とし、政府は各個人のマスクの着用の判断に資するよう、感染防止対策としてマスクの着用が効果的である場面などを示し、一定の場合にはマスクの着用を推奨する。

➤ このマスク着用の考え方の見直しは、円滑な移行を図る観点から、国民への周知期間や各業界団体及び事業者の準備期間等も考慮して3月13日から適用するほか、学校におけるマスク着用の考え方の見直しは4月1日から適用することとし、それまでの間はこれまでの考え方（※1）に沿った対応をお願いする。

※1　新型コロナウイルス感染症対策の基本的対処方針（令和3年11月19日新型コロナウイルス感染症対策本部決定）（抜粋）
・屋内において、他者と身体的距離（2m以上を目安）がとれない場合、他者と距離がとれるが会話を行う場合、屋外において他者と距離がとれず会話を行う場合は、マスクの着用を推奨する。また、高齢者等との面会時や病院内など、重症化リスクの高い者と接する場合にはマスクの着用を推奨する。マスクは不織布マスクを推奨する。なお、屋内において他者と身体的距離がとれて会話をほとんど行わない場合は、マスク着用は必要ない。
・屋外において、他者と身体的距離が確保できる場合、他者と距離がとれ

ない場合であっても会話をほとんど行わない場合は、マスクの着用は必要なく、特に夏場については、熱中症予防の観点から、マスクを外すことを推奨する。

・また、乳幼児(小学校に上がる前の年齢)のマスクの着用には注意が必要であり、特に2歳未満では推奨されない。2歳以上の就学前の子供についても、個々の発達の状況や体調等を踏まえる必要があることから、他者との身体的距離にかかわらず、マスク着用を一律には推奨しない。なお、本人の体調がすぐれず持続的なマスクの着用が難しい場合は、無理に着用する必要はなく、マスクを着用する場合は、保護者や周りの大人が子供の体調に十分注意した上で着用すること。

（2）着用が効果的な場面の周知等

➢ 高齢者等重症化リスクの高い者への感染を防ぐため、マスク着用が効果的な下記の場面では、マスクの着用を推奨する。

✓ 医療機関受診時

✓ 高齢者等重症化リスクが高い者が多く入院・生活する医療機関や高齢者施設等への訪問時

✓ 通勤ラッシュ時等混雑した電車やバス（※2）に乗車する時（当面の取扱）

　　※2　概ね全員の着席が可能であるもの（新幹線、通勤ライナー、高速バス、貸切バス等）を除く。

➢ そのほか、新型コロナウイルス感染症の流行期に重症化リスクの高い者が混雑した場所に行く時については、感染から自身を守るための対策としてマスクの着用が効果的であることを周知していく。

（3）症状がある場合等の対応

➢ 症状がある者、新型コロナウイルス感染症の検査陽性の者、同居家族に陽性者がいる者は、周囲の者に感染を広げないため、外出を控える。通院等やむを得ず外出をする時には、人混みは避け、マスクを着用する。

（４）学校における対応
➤ 学校教育活動の実施に当たっては、マスクの着用を求めないことを基本とする。
➤ 併せて、下記を教育委員会・学校等に対して周知していくとともに、適切な対応を求めることとする。
  ✓ 基礎疾患等の様々な事情により、感染不安を抱き、引き続きマスクの着用を希望する児童生徒に対して適切に配慮するとともに、換気の確保等の必要な対策を講じること。
  ✓ 地域や学校における新型コロナウイルス感染症やインフルエンザの感染状況等に応じて、学校・教員が児童生徒に対して着用を促すことも考えられるが、そのような場合も含め、児童生徒や保護者等の主体的な判断が尊重されるよう、着脱を強いることがないようにすること。
➤ 上記の見直し時期にかかわらず、４月１日より前に実施される卒業式におけるマスクの着用については、卒業式の教育的意義を考慮し、児童生徒等はマスクを着用せず出席することを基本とし、その際の考え方を示すこととする。

（５）医療機関や高齢者施設等における対応
➤ 高齢者等重症化リスクが高い者が多く入院・生活する医療機関や高齢者施設等の従事者については、勤務中のマスクの着用を推奨する。

（６）事業者における対応
➤ マスクの着用は個人の判断に委ねられるものであるが、事業者が感染対策上又は事業上の理由等により、利用者又は従業員にマスクの着用を求めることは許容される。
➤ 各業界団体においては、１．及び２．の方針に沿って「業種別ガイドライン」の見直しを行い、現場や利用者へ周知する。

（7）　留意事項

➢ マスクを着用するかどうかは、個人の判断に委ねることを基本とし、本人の意思に反してマスクの着脱を強いることがないよう、個人の主体的な判断が尊重されるよう周知していく。

➢ 子どもについては、すこやかな発育・発達の妨げとならないよう配慮することが重要であり、保育所等に対してもマスク着用の考え方を周知する。

➢ なお、感染が大きく拡大している場合には、一時的に場面に応じた適切なマスクの着用を広く呼びかけるなど、より強い感染対策を求めることがあり得る。ただし、そのような場合においても、子どものマスク着用については、健康面等への影響も懸念されており、引き続き、保護者や周りの大人が個々の子どもの体調に十分注意する必要がある。

2．基本的な感染対策について

➢ マスク着用の考え方の見直し後であっても、新型コロナウイルス感染症対策の基本的対処方針（令和 3 年 11 月 19 日新型コロナウイルス感染症対策本部決定。以下「基本的対処方針」）に基づく基本的な感染対策は重要であり、引き続き、「三つの密」の回避、「人と人との距離の確保」、「手洗い等の手指衛生」、「換気」等の励行をお願いする。

➢ 新型コロナウイルス感染症（COVID-19）の感染症の予防及び感染症の患者に対する医療に関する法律（平成 10 年法律第 114 号。以下「感染症法」という。）上の位置づけが変更された以降は、基本的対処方針及び「業種別ガイドライン」は廃止となり、個人及び事業者は自主的な感染対策に取り組むこととなる。政府は、感染症法上の位置づけ変更後も、自主的な感染対策について必要となる情報提供を行うなど、個人及び事業者の取組みを支援していく。

〈重要法令シリーズ080〉

新型コロナ対策基本的対処方針
〔令和 5 年 2 月10日〕
付：「マスク着用の考え方の見直し等について」

2023 年 3 月 30 日　第 1 版第 1 刷発行

発 行 者　　今 井　　　貴
発 行 所　　株式会社 信山社
〒113-0033 東京都文京区本郷6-2-9-102
Tel 03-3818-1019
Fax 03-3818-0344
info@shinzansha.co.jp
出版契約 No.2023-4380-2-01010　Printed in Japan

印刷・製本／亜細亜印刷・渋谷文泉閣
ISBN978-4-7972-4380-2　012-015-010 C3332
分類323.900.e080 P92. 行政法

出典：首相官邸ホームページ (https://www.kantei.go.jp/jp/singi/novel_coronavirus/taisaku_
honbu.html〔基本的対処方針〕、〔マスク着用の考え方の見直し等について〕)、内閣官房ホーム
ページ (https://corona.go.jp/emergency/〔新旧対照表〕)

研究雑誌一覧

信山社の研究雑誌は、確実にお手元に届く定期購読がおすすめです。
書店・生協・Amazonや楽天などオンライン書店でもお買い求めいただけます。

2023年1月現在

憲法研究　辻村みよ子 責任編集　既刊11冊　年2回（5月・11月刊）
変容する世界の憲法動向をふまえて、基礎原理論に切り込む憲法学研究の総合誌

行政法研究　宇賀克也 責任編集（1〜30号）　既刊47冊　年4〜6回刊
行政法研究会 編集（31号〜　）続刊
重要な対談や高質の論文を掲載、行政法理論の基層を探究し未来を拓く！

民法研究 第2集　大村敦志 責任編集　既刊9冊　年1回刊
日本民法を東アジアに発信する国際学術交流からの新たな試み

民法研究（1〜7号 終）　広中俊雄 責任編集　全7冊　終刊
理論的諸問題と日本民法典の資料集成で大枠を構成、民法理論の到達点を示す

消費者法研究　河上正二 責任編集　既刊13冊　年1〜2回刊
消費者法学の現在を的確に捉え、時代の変容もふまえた確かな情報を提供

環境法研究　大塚 直 責任編集　既刊15冊　年2〜3回刊
理論・実践両面からの環境法学の再構築をめざす、環境法学の最前線がここに

医事法研究　甲斐克則 責任編集　既刊6冊　年1回刊
「医療と司法の架橋」による医事法学のさらなる深化と発展をめざす

国際法研究　岩沢雄司・中谷和弘 責任編集　既刊10冊　年1回刊
国際法学の基底にある蓄積とその最先端を、広範かつ精緻に検討

EU法研究　中西優美子 責任編集　既刊12冊　年1〜2回刊
進化・発展を遂げるEUと〈法〉の関係を、幅広い視野から探究するEU法専門雑誌

法と哲学　井上達夫 責任編集　既刊8冊　年1回刊
法と哲学のシナジーによる〈面白き学知〉の創発を目指して

社会保障法研究　岩村正彦・菊池馨実 編集　既刊16冊　年1〜2回刊
法制度の歴史や外国法研究も含め政策・立法の基礎となる論巧を収載

法と社会研究　太田勝造・佐藤岩夫・飯田 高 責任編集　既刊7冊　年1回刊
法と社会の構造変容を捉える法社会学の挑戦！法社会学の理論と実践を総合的考察

法の思想と歴史　石部雅亮 責任編集　既刊2冊　年1〜2回刊
法曹の原点に立ち返り、比較史的考察と現状分析から、法学の「法的思考」に迫る

法と文化の制度史　山内 進・岩谷十郎 責任編集　既刊2冊　年2回予定
国家を含む、文化という広い領域との関係に迫る切り口を担保する

人権判例報　小畑 郁・江島晶子 責任編集　既刊5冊　年2回刊
人権論の妥当普遍性の中身を問う。これでいいのか人権論の現状

ジェンダー法研究　浅倉むつ子・二宮周平 責任編集　既刊9冊　年1回刊
既存の法律学との対立軸から、オルタナティブな法理を構築する

法と経営研究　上村達男・金城亜紀 責任編集　既刊5冊　年2回刊
「法」と「経営」の複合的視点から、学知の創生を目指す

メディア法研究　鈴木秀美 責任編集　既刊1冊　年1回刊
メディア・放送・表現の自由・ジャーナリズムなどに関する法学からの総合的検討

詳細な目次や他シリーズの書籍は、
信山社のホームページをご覧ください。

https://www.shinzansha.co.jp
またはこちらから →

信山社　〒113-0033　東京都文京区本郷6-2-9
TEL:03-3818-1019　FAX：03-3811-3580

憲法研究

辻村みよ子 責任編集

第11号　菊変・並製・308頁　定価：4,180円（本体3,800円＋税）

特集 憲法判例理論〔II〕統治

【企画趣旨】統治理論と憲法判例の展開〔辻村みよ子〕

【インタビュー】現実に学ぶ憲法学の模索〔横田耕一／(聞き手) 山元　一〕

【執筆者】岡田信弘・吉田栄司・野坂泰司・淺野博宣・榎　透・德永貴志・稲葉実香・
大石和彦・植野妙実子・勝山教子・加藤一彦・岩垣真人・高橋雅人・松本哲治・
柳瀬　昇・南野　森・井口秀作

行政法研究

宇賀克也 責任編集（1〜30号）
行政法研究会 編集（31号〜）

第47号　菊変・並製・180頁　定価：3,520円（本体3,200円＋税）

【巻頭言】韓国の行政基本法〔宇賀克也〕
1　法治主義から安全・安心の確保へ〔多賀谷一照〕
2　〈行政処分は取り消されるまで有効〉の意味〔興津征雄〕
【書評】釼持麻衣『気候変動への「適応」と法』(勁草書房、2022年)〔下村英嗣〕

第46号　菊変・並製・194頁　定価：3,520円（本体3,200円＋税）

【巻頭言】行政不服審査法の改善に向けた運用の見直し〔宇賀克也〕
1　実質的当事者訴訟における拘束力と執行力〔鈴木庸夫〕
2　ドイツの団体禁止法制について〔毛利　透〕
3　不利益処分と理由提示義務〔青木淳一〕
4　パンデミック下における統治構造〔山田哲史〕

民法研究 第2集　大村敦志 責任編集

第9号　菊変・並製・170頁　定価2,860円（本体2,600円＋税）

第9回東アジア民事法学国際シンポジウムに参加して〔横山美夏〕
不動産の物権変動における原因行為〔金子敬明〕
物権変動の登記の効力〔横山美夏〕
日本における不動産登記手続法の概要〔石田　剛〕
動産物権変動〔阿部裕介〕

第8号　菊変・並製・212頁　定価3,190円（本体2,900円＋税）

シンポジウムに参加して〔森田　修〕
日本法における暴利行為論と公序良俗〔武田直大〕
日本における信義則論の現況〔石川博康〕
日本法における権利濫用〔中原太郎〕
日本法における「事情変更の原則」〔馬場圭太〕

民法研究レクチャー

みぢかな事件、判例から見えてくる社会の変化に伴う法の変化を高校生との対話により考える。

法の世界における人と物の区別

能見善久 著　　　四六変・並製・152頁　定価1,650円（本体1,500円+税）

高校生のための法学入門　法学とはどんな学問なのか

内田　貴 著　　　四六変・並製・212頁　定価1,760円（本体1,600円+税）

不法行為法における法と社会　JR東海事件から考える

瀬川信久 著　　　四六変・並製・104頁　定価968円（本体880円+税）

民法研究　　広中俊雄 責任編集

第7号　　菊変・並製・160頁　定価3,850円（本体3,500円+税）

近代民法の原初的構想〔水林　彪〕
《本誌『民法研究』の終刊にあたって》二人の先生の思い出〔広中俊雄〕

第6号　　菊変・並製・256頁　定価5,720円（本体5,200円+税）

民法上の法形成と民主主義的国家形態〔中村哲也〕
「責任」を負担する「自由」〔蟻川恒正〕

第5号　　菊変・並製・152頁　定価3,850円（本体3,500円+税）

近代民法の本源的性格〔水林　彪〕
基本権の保護と不法行為法の役割〔山本敬三〕
『日本民法典資料集成』第1巻の刊行について（紹介）〔瀬川信久〕

消費者法研究　　河上正二 責任編集

第13号特別号　菊変・並製・256頁　定価3,080円（本体2,800円+税）

霊感商法・高額献金の被害救済

1　霊感商法・霊視商法の被害への対応について〔河上正二〕
2　宗教的な寄附（献金・寄進・お布施等）の法的性質について〔宮下修一〕
3　霊感商法とマインドコントロール（心理学）〔村本武志〕
4　信教の自由・宗教団体・市民社会秩序〔山元　一〕
5　霊感商法に対する刑事的対応〔長井長信〕
6　霊感商法被害の抑止と救済〔藤原正則〕
7　立法対応〔沖野眞已〕
【資料】霊感商法（開運商法）に関する消費生活相談について／霊感商法等の悪質商法への対策検討会　報告書／法人等による寄附の不当な勧誘の防止等に関する法律／消費者契約法及び独立行政法人国民生活センター法の一部を改正する法律

環境法研究　大塚　直 責任編集

第15号　菊変・並製・216頁　定価：本体3,740円（3,400円+税）

特集 世界環境憲章と環境法原則

環境法研究 別冊　浅野直人先生喜寿記念
持続可能性環境法学への誘い
柳 憲一郎・大塚　直 編

菊変・並製・184頁　定価4,180円（本体3,800円+税）

持続可能性環境法学を問う『環境法研究別冊』。浅野直人先生の喜寿を記念して、環境法研究の第一人者6人による注目の論文集。森本（浅野先生のこと）、新美（アスベストと中皮腫）、松村（違法性と違法性阻却事由）、大塚（建設アスベスト訴訟と2つの下級審判決）、石野（米国の火力発電所）、柳（CCSとCCUS法政策）。環境法政策学関係者必見・必読の書。

医事法研究　甲斐克則 責任編集

第6号　菊変・並製・192頁　定価3,850円（本体3,500円+税）

第1部 論　説
第2部 国内外の動向

国際法研究 岩沢雄司 中谷和弘 責任編集

第10号　菊変・並製・272頁　定価5,280円（本体4,800円+税）

特集 COVID-19 とポストコロナをめぐる
国際法・国際経済法の諸課題

【執筆者】村瀬信也・植木俊哉・鈴木淳一・坂巻静佳・阿部克則・伊藤一頼・石井由梨佳・
中島　啓・中谷和弘

― ＊ ―

【執筆者】中谷和弘・児玉良則・大河内美香・松山沙織
【国際刑事裁判所の判例】
【執筆者】保井健呉・広見正行

ＥＵ法研究 中西優美子 責任編集

第12号　菊変・並製・168頁　定価3,960円（本体3,600円+税）
【巻頭言】ロシアのウクライナへの侵攻とEU〔中西優美子〕
特集 COVID-19 と法
コロナ禍とバーチャルオンリー株主総会の進展〔上田廣美〕
コロナ・パンデミックに対処する，ドイツ基本法下の執政権と議会制民
　主主義〔フェルディナンド・ボレンシュレーガー（石村修 訳・解説）〕
COVID-19 ワクチンの条件付き販売承認〔アレクサンドラ・ドナティ（中西優美子 訳）〕
＊ ＊ ＊
EU送還指令〔佐藤以久子〕
2019年ハーグ判決条約29条〔クリスティーナ・M. マリオッティーニ（竹下啓介 訳）〕
ハーグ判決条約29条の意義に関する一考察〔竹下啓介〕
【第2回 ヨーロッパ法判例研究】参照不能化義務の地理的範囲〔渡邉剛央〕
【最新動向】再生可能エネルギーに関するEUの2021年補助金審査基準〔カール＝フリードリヒ・レンツ〕
【書評】Alessandra Donati, *Le principe de précaution en droit de l'Union Européenne* (Bruylant, 2021)〔中西優美子〕

法と哲学 井上達夫 責任編集

第8号　菊変・並製・336頁　定価4,290円（本体3,900円+税）

【巻頭言】我々は何処へ行くのか（Ⅱ）―ウクライナ戦争の実相と教訓〔井上達夫〕
特集 COVID-19 という問題
1　マスクの下で〔若松良樹〕
2　コロナウイルス禍の中での科学的知識と倫理〔蔵田伸雄〕
3　コロナ禍で見えてきたもの〔稲原美苗〕
4　パターナリズムはそこにあるのか〔竹内　幹〕
5　感染症対策と権利制約〔米村滋人〕
【一般論説】　1　共和主義的自由の消極的自由への還元可能性について〔福家佑亮〕
　　　　　　　2　関係論的平等主義の再出発〔阿部崇史・石田　柊・宮本雅也〕
【書評と応答】　1　米村幸太郎「「許容できるエゴイズム」を超えて」への応答〔児玉　聡〕
　　　　　　　2　民主主義の危機と可能性〔山崎　望〕
　　　　　　　3　法哲学は面白いのか〔山田八千子〕

法と社会研究　太田勝造・佐藤岩夫・飯田 高 責任編集

第7号　菊変・並製・164頁　定価4,180円（本体3,800円+税）

【巻頭論文】

日本の法システム〔濱野　亮〕

歴史的比較法社会学を目指して〔ディミトリ・ヴァンオーヴェルベーク〕

【特別論文】

少年法に対する世論の心理学的検討〔佐伯昌彦〕

過去20年間の養育費・面会交流の取決め率の分析〔齋藤宙治〕

【小特集・共同研究】

医療安全と紛争解決〔渡辺千原〕

法の思想と歴史　石部雅亮 責任編集

第2号　菊変・並製・304頁　定価4,950円（本体4,500円+税）

1　学説彙纂研究の比較私法史的断章〔西村重雄〕

2　『イソップ』中の狐・ライオン・狼〔笹倉秀夫〕

3　4人の内務官僚たちの欧米視察とその影響〔小沢奈々〕

4　大審院長在職前後の富谷鉎太郎〔伊藤孝夫〕

5　明治期の日本人法律家によるドイツの大学における博士論文
　　〔ハンス－ペーター・マルチュケ／（翻訳）阿部津々子〕

＊　＊　＊

ミヒャエル・シュトルアイス先生を追悼して〔守矢健一〕

法と文化の制度史　山内　進・岩谷十郎 責任編集

第2号　菊変・並製・196頁　定価3,740円（本体3,400円+税）

特集　交錯する東洋と西洋　高橋裕史・周圓・間 永次郎

【研究余滴】山内　進／【論説】堀川信一・小笠原奈菜

【エッセイ】王　雲海／【書籍紹介】大中　真

第1号　菊変・並製・232頁　定価3,740円（本体3,400円+税）

特集　歴史と制度のなかの国際法　山内　進・大隈　宏・幡新大実・遠藤泰弘

【研究余滴】足羽與志子／【論説】鈴木直志

【査読論文】勝又　崇／【書評】藤本幸二

人権判例報 小畑 郁
江島晶子 責任編集

第5号　菊変・並製・128頁　定価3,520円（本体3,200円+税）

【短報1】ヨーロッパ人権裁判所における初の女性所長誕生
【短報2】ヨーロッパ人権条約知識共有プラットフォーム（ECHR-KS）
【近著紹介】齋藤千紘・小島秀亮『〈人権の守護者〉欧州評議会入門』の刊行
　　によせて〔小畑　郁〕
【速報】イギリス1998年人権法改正をめぐる動向〔江島晶子・河合正雄〕
【論説】ヨーロッパ人権裁判所における環境判例の展開〔大久保規子〕
【判例解説】村上　玲・越智　萌・谷口洋幸・實原隆志・河村有教・岡田陽平・館田晶子・
　　棟久　敬・河嶋春菜

ジェンダー法研究 浅倉むつ子
二宮周平 責任編集

第9号　菊変・並製・244頁　定価3,960円（本体3,600円+税）

特集1「結婚の自由をすべての人に」訴訟を考える
　国見亮佑・たかし、中谷衣里、中川重徳、西山千絵、二宮周平、鈴木　賢
特集2　ハラスメントのセカンドステージ
　三浦まり、三成美保、浅倉むつ子、中野麻美、菅野淑子
【家族・セクシュアリティ・ジェンダーの動向】田中須美子、ヨ・ヘイル
【立法・司法の動向】寺原真希子、サブリナ・シズエ・マッケナ（立石直子　訳）

法と経営研究 上村達男
金城亜紀 責任編集

第6号　菊変・並製　予価3,960円　2023年2月刊行予定

特集　「法と経営」の新たな挑戦
上村達男〈「令和の維新」:150年を経て継承できなかった欠落部分を理論「知」で克服〉
佐藤　剛〈元経営者　法律学を学ぶ〉・高田晴仁
【研究ノート】法と経営学の対話〔林　孝宗・渡部　暢〕
【シリーズ　企業法務の立役者たち（第2回）】スティーブ・ジョブズの聖戦を
　支えた国際弁護士（弁護士　牧野和夫氏）〔平田知広〕
【シンポジウム報告】社外取締役に求められるものは何か〔花村信也〕
【対談】新しい学術領域を創る〔久野　愛・金城亜紀〕

※書影は第5号のものです

メディア法研究 鈴木秀美 責任編集

第1号　菊変・並製・208頁　定価3,520円（本体3,200円+税）

特集　メディア法の回顧と展望
　鈴木秀美・横大道　聡・山田健太・西土彰一郎・成原　慧
特別企画　放送法の過去・現在・未来
【基調講演】濱田純一
【パネルディスカッション】濱田純一・宍戸常寿・曽我部真裕・本橋春紀・山田健太
【海外動向】鈴木秀美／石塚壮太郎　　【立法動向】水谷瑛嗣郎